交通职业教育教学指导委员会推荐教材
中等职业院校公路施工与养护专业教学用书

全国技工学校通用教材

Gonglu Shigong Yu Yanghu Guanli

公路施工与养护管理

黄丽平　主编
杨振华　主审

人民交通出版社

内 容 提 要

本书是全国技工学校通用教材，由交通职业教育教学指导委员会公路(技工)专业指导委员会组织编写。内容包括：公路建设管理的概念、公路工程招投标、公路工程定额、公路施工组织设计、公路工程施工管理、公路施工资料编制和公路养护管理的基本方法。

本书是中等职业院校公路施工与养护专业教学用书，也可供相关专业教学使用，或作为职业技能培训教材。

图书在版编目(CIP)数据

公路施工与养护管理／黄丽平主编．—北京：人民交通出版社，2009.1
ISBN 978-7-114-07576-6

Ⅰ.公…　Ⅱ.黄…　Ⅲ.①道路工程－工程施工②公路养护　Ⅳ.U41

中国版本图书馆CIP数据核字（2009）第012388号

书　　名：公路施工与养护管理
著 作 者：黄丽平
责任编辑：周往莲　韩亚楠
出版发行：人民交通出版社
地　　址：(100011) 北京市朝阳区安定门外·外馆斜街3号
网　　址：http://www.ccpress.com.cn
销售电话：(010) 59757973
总 经 销：人民交通出版社发行部
经　　销：各地新华书店
印　　刷：北京鑫正大印刷有限公司
开　　本：787×1092　1/16
印　　张：9.25
字　　数：226千
版　　次：2009年2月　第1版
印　　次：2022年1月　第5次印刷
书　　号：ISBN 978-7-114-07576-6
定　　价：19.00元

交通职业教育教学指导委员会
公路(技工)专业指导委员会

主　任：周以德

副主任：朱小茹　张文才

委　员：卞志强　严　军　周萌芽　高连生　梁柱义　蒋　斌

杜建忠　任义学　刘雅洲

秘　书：张宏春

前　言

全国交通技工学校公路施工与养护专业第一轮通用教材于2001年5月出版,至今已经7年,为本专业的人才培养起到了极其重要的作用。但随着教学模式的变革及知识与技术的更新,该套教材已显陈旧。为此,经交通职业教育教学指导委员会公路(技工)专业指导委员会研究,决定对公路施工与养护专业的教学计划和课程内容进行修订,并在此基础上编写第二轮教材。在本套教材编写过程中我们力求做到以下几点:

第一,立足行业。从用人单位的岗位要求入手,分析现代公路建设对专业技术工人的能力结构要求,确定课程体系,明确教学目标,强化教材的针对性和实用性。

第二,立足国家职业标准。本教材以国家职业标准为依据,使教材涵盖了公路施工与养护职业或工种的相关要求,便于双证书制度在人才培养过程中的落实。

第三,立足学生的实际基础情况和学习规律。本教材充分考虑了技工学校学生的基础和学习特点,尽力摒弃冗长的理论叙述和复杂的公式,力求做到以图代文、通俗易懂、简明扼要。

第四,根据公路施工和养护技术的发展趋势,适当地加入了新知识和新技术的内容,使全书教学内容更趋合理。

第五,本套教材的每门课程都配有复习题,便于学生对知识的学习和巩固。

《公路施工与养护管理》是全国技工学校公路施工与养护专业通用教材之一,内容包括:公路建设管理的概念,公路工程招投标,公路工程定额,公路施工组织设计,公路工程施工管理,公路施工资料编制和公路养护管理的基本方法。

参加本书编写工作的有:河南省交通高级技工学校黄丽平(编写单元五、七),广东省交通高级技工学校高三娥(编写单元六),广西公路技工学校罗嵘(编写单元三),山西省交通技师学院王艳凤(编写单元四),四川交通职业技术学院朱林(编写单元一、二、八)。全书由黄丽平担任主编,北京市路政局技工学校杨振华担任主审,公路(技工)专业指导委员会聘请山东省公路高级技工学校刘治新担任本套教材的总统稿人。

本套教材在编写过程中得到了全国17个省市交通技工学校领导的大力支持和帮助,共有80余名教师参加了教材的编审工作,在此表示感谢!

由于我们的业务水平和教学经验有限,书中难免有不妥之处,恳请本书的广大读者批评指正,并提出宝贵的建议。

交通职业教育教学指导委员会
公路(技工)专业指导委员会
二〇〇八年九月

目　　录

单元一　公路建设管理的概念

应知点

1. 公路建设的内容和特点；
2. 公路基本建设的概念和建设程序；
3. 公路基本建设的资金来源和基层单位；
4. 公路基本建设的项目划分。

课题一　公路建设的内容和特点

什么是公路建设？公路建设有哪些内容和特点？

读一读

现代交通运输业是由铁路、公路、航空以及管道运输等组成。它们是使用各种工具设备，通过各种方式，使货物或旅客在区域之间实现位置移动的特殊的物质生产部门。公路运输在整个交通运输业中占有较大比重，它具有机动、灵活、直达、迅速、适应性强、服务面广的特点，在社会主义现代化建设中发挥着巨大的作用，有着良好的发展前景。发展公路运输业，首先必须进行公路建设。

一、公路建设的内容

公路建设的内容，按其任务与分工不同可以分为以下三方面：

1. 公路工程小修、保养

公路工程构造物在长期使用过程中，受到行车和自然因素的作用而不断损坏，只有通过不断的维修保养，才能保证公路的正常使用，使其原有通行能力得到维持。

2. 公路工程大、中修与技术改造

由于受到材料、结构、设备的特性和功能方面的制约，必然使公路各组成部分具有不同的寿命。因此，公路建筑物尽管经过小修、保养，也不可能无限期地使用下去，到一定年限某些组成部分就会丧失原有的功能，这时就需要对其进行更新。公路大、中修工程一般是与公路的技术改造相结合进行的（如局部改线、改造不合标准路段、提高路面等级等），通过这种更新与技术改造可提高公路的通行能力。

3. 公路工程基本建设

为了适应生产和流通发展的需要，必须通过新建、扩建和重建公路等基本建设形式来达到不断扩大公路运输能力的目的。

二、公路建设管理体制

我国公路建设系统由国家统一领导，分级管理。从管理层次上分为国家、省、地、县四级管理部门；从任务性质分为政府部门、设计部门、科研部门、施工部门、机械维修部门、教育部门等。在管理职能上中央设交通运输部统一领导全国及部直属单位的公路建设事业；各省、市、自治区人民政府设交通厅统一领导本省、市、区及省直属单位的公路建设事业；各地区、县设交通局分别领导本地、县的公路建设事业。以上各级机构均设各类职能和业务部门，从事具体的规划、组织、领导工作。一般情况是：公路小修保养由养路部门自行安排和管理；属于养路费投资的项目（包括新建、改建等）由地方公路管理部门（如公路管理局）负责下达任务并安排施工部门进行施工；凡列入国家基本建设投资的工程项目，必须纳入国家基本建设计划，其一切基本建设活动，必须按照国家的规定和要求管理。

目前，我国的公路建设管理方式正在进行改革，逐渐使管理职能部门与生产分离，改变以往计划、设计、施工、养护统一由国家负责安排的局面。公路基本建设也逐步向招投标公开竞争的形式发展，公路设计部门、施工企业开展独立的经济核算，并实行工程对内、对外承包等业务。而交通管理部门只设公路工程质量监督等职能机构，负责对公路质量、工期等方面进行监督。

三、公路建设的特点

1.公路建筑产品的特点

（1）产品固定。公路工程构造物固定于一定的地点不能移动，只能在建造的地方供长期使用。

（2）产品多样。由于公路的具体使用目的、技术等级、技术标准、自然条件以及功能不同，而使公路的组成、结构千差万别，复杂多样。

（3）产品形体庞大。公路工程是线性构造物，其组成部分形体庞大，占用土地及空间多。

（4）产品部分结构易损。公路工程构造物受行车作用及自然因素影响，其暴露于大自然的部分以及直接受行车作用的部分，极易损坏。

2.公路建设的特点

由于公路建筑产品具有上述特点，因此在其产品（工程）的形成过程中，表现出如下特点：

（1）施工流动性大。公路建设线长点多，工程数量分布不均匀，其构造物在建造过程中和建成后都无法移动。因而，要组织各类工作人员和各种机械围绕这一固定产品，在同一工作面不同时间或同一时间不同工作面上进行施工活动，这就需要科学地解决这种空间布置和时间安排上的矛盾。另外，公路施工的流动性，给施工企业的生产管理和生活安排带来很大影响，例如施工基地的建立、施工组织形式、施工运输的经济合理等问题。

（2）施工协作性高。公路工程类型多，施工环节多，工序复杂，每项工程都需要建设、设计、施工等单位的密切配合，需要材料、动力、运输等各个部门的通力协作，因此施工过程中的综合平衡和调度、严密的计划和科学管理就显得特别重要。

（3）施工周期长。公路工程包括路基、路面、桥涵、隧道、交通工程设施等工程，产品形体特别庞大，产品固定而又不可分割，使其施工周期长，增加了管理的难度。

在施工过程中，各阶段、各环节必须有条不紊地组织起来，在时间上不间断，空间上不脱节，要做到统筹安排，遵守施工程序，合理地、科学地组织施工。

（4）受外界干扰及自然因素影响大。公路工程施工大部分是露天作业，受自然条件的影响很大，对工程进度、质量、成本等都有很大影响。

公路建设的这些特点，决定了公路施工活动的特有规律，研究和遵循这些规律，对科学地组织与管理公路工程施工，提高公路建设的经济效益具有重要意义。

课题二　公路工程基本建设

什么是公路基本建设？有哪些单位参与公路基本建设？

公路建设应该遵循哪些基本程序？

公路基本建设的资金来源有哪些？

一、公路基本建设的含义

公路基本建设是指公路建筑业中有关固定资产的建筑、购置、安装活动，以及与其相关的如勘测设计、征地等工作。

公路基本建设的内容按其投资构成和工作性质可分为：

(1)建筑安装工程。即建筑工程(如路基路面、桥涵、隧道、防护环保、管养设施等工程项目的建设)；设备安装工程(如高速公路、大桥等工程所需的各种机械、设备的安装调试等)。

(2)设备、工具器具及家具购置。即为满足公路的营运、管理、养护需要而进行的购置。

(3)基本建设的其他工作。如项目勘测设计、征地拆迁、研究试验、施工监理等。

二、公路基本建设的基层单位

公路基本建设的主体(基层单位)通常有六个：建设单位(业主)、勘察设计单位、施工单位(承包人)、工程建设质量监督单位、监理单位和建设银行。

1. 建设单位(业主)

凡是负责执行国家公路基本建设计划的单位称为建设单位，也称业主。它在行政上有独立的组织形式，在经济上进行独立核算。建设单位作为拟建工程的使用者，是基本建设投资的支配人，也是基本建设的组织者和监督者，它对国家负有一定的政治和经济责任。其主要工作包括：负责筹集建设资金；提出项目的建设规模；落实建设条件；负责组织工程设计、监理、设备采购和施工招标工作；按照国家有关规定，审查工程设计、概算、投资计划和用款计划；同施工单位签订工程合同；办理工程交工验收、编制竣工决算。

2. 勘察设计单位

交通勘察设计单位，应持有上级主管发证机关颁发的勘察设计许可证和相应的资质等级证书。设计单位的任务来源，既可接受建设单位或主管部门的委托，也可以参与国内外设计任务的招投标，通过市场竞争获取。其主要工作包括：根据已批准的可行性研究或设计任务书(或委托合同)及业主提供的资料，进行地质勘察、地形测绘，制订设计方案，计算主要工程数量，拟订施工方案，编制设计概算或施工预算，提供设计文件以及必要的文字说明和图表资料，为施工准备提供依据。

3. 工程监理单位

工程监理单位是获得交通主管部门颁发的公路工程或交通工程施工监理资质证书，且具有独立法人资格的单位。它受业主委托，根据合同文件的要求，在公路工程或交通工程施工准备阶段、施工阶段及缺陷责任期阶段对工程的质量、进度、费用和合同事宜承担监理业务。

4. 政府监督单位

政府监督单位是指政府主管建设的职能部门即工程质量监督站，负责对项目实施阶段进行的监督和管理，完工后，对工程质量进行评定。

5. 施工单位（承包人）

施工企业是承担公路工程或交通工程建筑安装的单位。它通过施工投标或其他方法取得某项目的施工任务。施工单位必须具备下列条件：能独立组织生产，具备必需的劳力、施工机具和各种建筑材料（可以采购）；能独立经营，在行政上和经济上具有一定的独立性，对外有法人资格，具有“自主经营、自负盈亏、自我发展、自我约束”的商品生产能力；能独立核算，在财务上有自己支配的固定资金和流动资金；具有相应的施工等级资质、资信证书。

6. 建设银行

它是管理基本建设资金、预算和财务，办理基本建设资金拨款、结算和放款，进行财政监督的国家专业银行。

三、基本建设项目组成

（1）基本建设项目（简称建设项目）。建设项目一般是指有总体设计、经济上实行独立核算、管理上具有独立组织形式的建设单元，通常以一个独立工程作为一个建设项目，如一条公路、一条铁路、一个港口等。

（2）单项工程（又称工程项目）。它是建设项目的组成部分。一个建设项目，可以是一个单项工程，也可以包括许多个单项工程。所谓单项工程是具有独立的设计文件，竣工后可以独立发挥生产能力或效益的工程，如公路建设项目中的某独立大、中桥梁，某隧道工程等。

（3）单位工程。单位工程是单项工程的组成部分，一般指不能独立发挥生产能力（或效益），但具有独立施工条件的工程。如某隧道单项工程，可分为土建工程、照明和通风工程等单位工程；一条公路可分为路线工程、桥涵工程等单位工程。

（4）分部工程。分部工程是单位工程的组成部分，一般是按照单位工程的各个部位划分的，例如基础工程，桥梁上、下部工程，路面工程，路基工程等。

（5）分项工程。分项工程是分部工程的组成部分，是按照工程的不同结构、不同材料和不同施工方法等因素划分的，如基础工程可划分为围堰、挖基、砌筑基础、回填等分项工程。

四、公路基本建设程序

基本建设项目在整个建设过程中各项工作的先后顺序，称为基本建设程序。这个程序是由基本建设的客观规律决定的。

基本建设涉及面广，它受到地质、气候、水文等自然条件和资源供应、技术水平等物质技术条件的严格制约，需要内外各个环节的密切配合，并且要求按照符合既定需要和有科学根据的总体设计进行建设。凡属新建的公路工程基本建设项目和改建的大中型公路工程项目都应严格按照基本建设程序进行。公路工程基本建设从计划到交付使用的全过程大致可以分四个阶段：规划与研究阶段、设计阶段、施工阶段、交付使用阶段，如图 1-1 所示。

公路工程基本建设程序规定如下：

（1）根据公路建设的中长期规划，进行项目的预可行性研究，编制项目建议书；

（2）进行工程可行性研究，编制可行性研究报告；

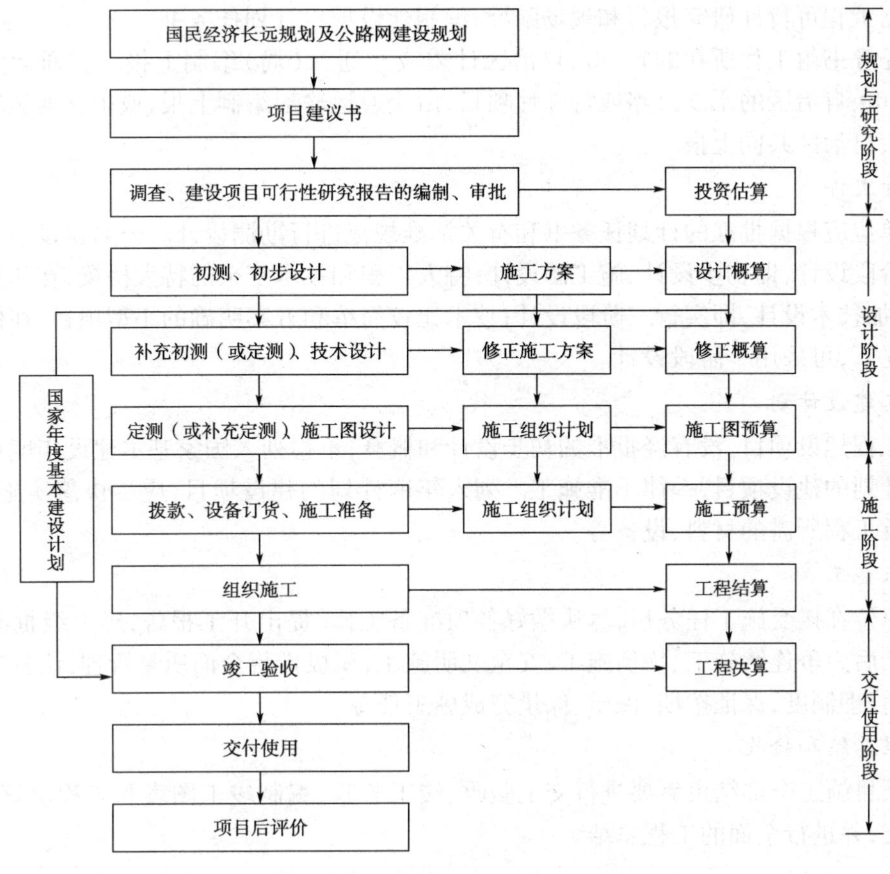

图1-1　公路工程基本建设程序

(3)编制初步设计文件；

(4)编制施工图设计文件；

(5)编制项目招标文件；

(6)根据批准的项目招标文件、资格预审结果和公路建设计划，组织项目招标投标；

(7)根据国家有关规定，进行征地拆迁等施工前期准备工作，编制项目开工报告；

(8)根据批准的项目开工报告，组织项目实施，并按施工图设计进行施工；

(9)项目完工后，编制竣工图表和工程决算，办理项目验收；

(10)竣工验收合格后，组织项目后评价。

以上程序，在符合审批制度的前提下，可根据具体情况进行合理地交叉；小型项目可根据具体情况适当简化程序。

1. 可行性研究

可行性研究是建设前期工作的重要内容之一，它为建设项目的决策和计划任务书的编制提供重要依据。所有的大中型项目，都应进行可行性研究。可行性研究应通过现场调查和必要的勘探，对拟建项目所涉及的政治、经济、军事、社会、环境、技术等方面的重大原则问题进行全面研究论证。通过多方案的比选得出技术、经济可行，效益高，投资少，工期短的方案。可行性研究报告由批准计划任务书的主管单位审查批准。

2. 计划任务书

计划任务书是确定基本建设项目，进行现场勘测和编制设计文件的重要依据。公路建设项目要根据工程可行性研究报告和现场踏勘,编制建设项目计划任务书。

计划任务书由工程所在的省、市、自治区计委或交通厅(局)编制上报。交通运输部投资的跨越省、市、自治区的干线公路或特殊性项目,由交通运输部编制上报,或由交通运输部会同有关省、市、自治区共同上报。

3. 设计文件

设计单位应根据批准的计划任务书和有关标准规范进行勘测设计。公路建设项目一般均应采用两阶段设计,即初步设计、施工图设计;特大工程和技术复杂的特大桥梁,在初步设计之后,还应增加技术设计,即实行三阶段设计;技术比较简单和方案明确的小型项目,在修建任务紧急的情况下,可采用一阶段设计。

4. 基本建设计划

公路工程建设项目,没有经批准的初步设计和概算,不得列入国家基本建设年度计划。未列入年度计划的建设项目,一律不准施工。列入年度计划的建设项目,应尽快落实施工单位、劳动力以及工程所需的材料、设备等。

5. 组织施工

施工单位在接受施工任务后,尽快做好各项准备工作,提出开工报告,经上级批准后投入施工。开工后力争连续施工、均衡施工、安全文明施工,积极推行全面质量管理,认真贯彻计划管理、技术管理制度,保证按期、保质、保量完成施工任务。

6. 工程总结和验收

工程项目施工全部结束后要进行交工验收、竣工验收、编制竣工图表和工程决算、办理固定资产移交,并进行全面的工程总结。

五、基本建设投资

我国基本建设资金来源主要有:

(1)国家投资。国家投资是由国家预算直接安排的投资,通过国家财政拨款的方式,根据建设进度分期拨给建设单位。

(2)地方投资。在国家预算安排之外,由各地区、各部门按照国家规定自筹资金安排的投资,这是我国建设投资的一项补充来源。

(3)银行信贷。银行信贷是以银行为主体,根据信贷自愿的原则,依据经济合同所施行的有偿有息投资,贷款期限一般不超过10年。基本建设贷款,是由国家从财政预算中提供贷款资金,实行先拨后用的原则,交由建设银行按照信贷方式进行分配和管理。

(4)国外资金。在国家统一政策的指导下,积极慎重地引进国外的先进技术和国外投资,以弥补我国建设资金的不足,加速我国经济建设的发展。例如世界银行、亚洲开发银行等机构提供贷款,合资经营等。

(5)其他资金来源。如联营投资、股票投资、债券发行等。

我国公路交通运输业发展迅猛,而公路建设资金又严重不足,在国务院直接领导和支持下,制订多项发展交通的优惠政策,建立了国家公路建设特别基金,一是提高养路费率;二是新增汽车购置附加费;三是允许集资、贷款修建高速公路及独立大桥和隧道等,以收取一定费用偿还本息;四是确定能源、交通基金返还,实行“以工代赈”地方集资等政策和措施,使公路建设部分资金有了长期稳定的来源。

复习思考题

1. 公路建设的内容按其任务与分工不同可以分为哪几方面?

2. 公路建设的特点是什么?

3. 说明公路基本建设的含义、公路基本建设的主体及基本建设项目的组成?

4. 公路工程基本建设项目要严格按哪些建设程序?

5. 我国公路建设的资金来源渠道主要有哪些?

单元二　公路工程施工招投标

应知点

1. 工程招标的概念、分类，招标方式和程序；
2. 招标文件的内容、标底编制要求、评标要求；
3. 工程施工投标的概念、分类和投标程序；
4. 施工投标文件的内容。

技能点

1. 会选择招标方式；
2. 能列出招标文件的内容、工程量清单，会编制标底；
3. 会按投标程序进行投标；
4. 能选择投标策略和编制投标文件。

课题一　公路工程施工招标

什么是公路工程施工招标？

公路施工招标要做哪些工作？

招标文件包括哪些内容？

怎样进行工程施工招标？

一、公路工程施工招标的概念

1. 工程施工招标的概念

工程项目施工招标是指建设单位（业主）公开或有选择地邀请数家投标人对其欲承包的工程进行报价，在规定的日期开标后，通过评标择优选定工程承包单位的全过程。

为规范公路工程施工招标投标活动，保证公路工程施工质量，维护招投标活动各方当事人合法权益，在《中华人民共和国公路法》、《中华人民共和国招标投标法》的基础上，制定了新的《公路工程施工招标投标管理办法》于2006年8月1日起施行，在我国境内进行公路工程施工招投标活动均应按该办法执行。

通过公路工程施工招标可以优选施工单位，节省投资，保证工程质量，规范建筑市场，提高项目建设效率。

2. 工程施工招标的主要工作

工程施工招标的主要工作有：(1)编制招标文件；(2)资格预审；(3)发售标书、现场考察与标前会议；(4)编制标底；(5)开标、评标；(6)编制评标报告；(7)合同授予。

1)编制招标文件

招标文件是明确招投标过程中所遵循的原则、方法的文件，是对投标人如何投标的规定。

它包括:投标邀请书、投标人须知、合同条件、技术规范、投标书和投标保函格式、工程量清单、合同协议书格式和图纸等。

2)发布资格预审通告

采用公开招标时,以发布资格预审通告或招标通告的形式向社会发布招标信息。发布资格预审通告前,必须编制完成资格预审文件,且得到有关主管部门批准。

3)资格预审

资格预审是指对投标人的资质、施工经验、人员素质、施工机械、财务能力及社会信誉进行的综合评价。资格预审是保证工程施工质量、工程按期竣工、投资有效控制的基础,是对投标人在投标过程中进行的初步选择。

4)发布短名单及投标邀请书

招标人对通过了资格预审的投标人发出通知,同时发出投标邀请书。通过了资格预审的投标人名单,习惯上又称短名单。接到投标邀请书的投标人,即可按投标邀请书的要求,参与正式的施工投标。

5)发售招标文件

招标人编制的招标文件,通常以收取一定费用的形式提供给投标人。

6)组织现场考察与标前会议

当投标人对招标文件熟悉后,为了使投标人充分了解拟投标工程的详细情况,招标人应组织投标人对现场情况进行考察和对现场情况进行介绍,同时招标人应接受投标人对招标文件、设计文件和工程现场的质疑并以会议纪要形式答复。

7)接受投标文件

招标人按规定的程序接受投标人递交的投标文件。

8)编制标底

标底是评标的重要依据之一,正确编制标底、客观反应工程造价实际情况,保证评标的准确性和评标质量都具有十分重要的意义。标底可由招标人自行编制,也可委托有资格的造价工程师编制。一般是根据现行《公路工程预算定额》、《公路工程机械台班费用定额》及各种取费标准等法令性文件和施工图设计、有关单价资料等,按照现行《公路工程基本建设项目概算预算编制办法》的规定进行编制。

9)开标、评标及合同授予

(1)开标。开标是开启投标人密封的标书的过程,开标是一项严肃且程序性很强的工作,开启投标书时要宣布投标人名称和投标总价。

(2)评标。评标是通过对投标人投递的标书,从报价、技术方案及施工措施、工期、质量保证等指标进行评价,选取优秀的承包人的过程。评标时还要对投标文件的响应性、施工技术的先进性、技术方案的可行性和合理性等方面全面评价,通过综合评价和打分,确定投标人优次顺序,最后由业主选定承包人。评标是一项程序性和法律性都很强的工作,从评标委员会的组成、评标细则的制订到评标过程的监督等都应按照有关规定进行。评标完成后,评标结果及评标报告应报送有关部门审查。

(3)合同授予。根据评标结果,确定中标单位,签订承包合同。

二、施工项目招标的原则、条件

公路工程施工招标投标活动应当遵循公开、公平、公正和诚信的原则。交通运输部依法负责全国公路工程施工招标投标活动的监督管理,县级以上地方人民政府交通主管部门按照各自职责依法负责本行政区域内公路工程施工招标投标活动的监督管理。

1. 公路工程施工招标的项目应当具备的条件

(1)初步设计文件已被批准;

(2)建设资金已经落实;

(3)项目法人已经确定,并符合项目法人资格标准要求。

2. 招标人应具备的条件

具备下列条件的招标人,可以自行办理招标事宜:

(1)具有与招标项目相适应的工程管理、造价管理、财务管理能力;

(2)具有组织编制公路工程施工招标文件的能力;

(3)具有对投标人进行资格审查和组织评标的能力。

招标人不具备以上规定条件的,应当委托具有相应资格的招标代理机构办理公路工程施工招标事宜。

三、招标方式

公路工程施工招标分为公开招标和邀请招标。

1. 公开招标

招标人通过国家指定的报刊、信息网络或者其他媒体发布招标公告,凡具备相应资格的法人都可以自愿参加投标。

2. 邀请招标

招标人以发送投标邀请书的方式,邀请三家以上具备相应资格的特定的法人进行投标。符合下列条件之一,不适宜公开招标的,依法履行审批手续后,可以进行邀请招标:

(1)项目技术复杂或有特殊技术要求,且符合条件的潜在投标人数量有限的;

(2)受自然地域环境限制的;

(3)公开招标的费用与工程费用相比,所占比例过大的。

公路工程施工招标标段,应当按照有利于对项目实施管理和规模化施工的原则,合理划分。也可以对整个建设项目分标段一次招标,也可以根据不同专业、不同实施阶段分别进行招标。

四、合同形式

业主在施工招标前,要根据项目的设计深度和发包策略来决定合同的形式。合同的形式按计价方式可分为单价合同、总价合同、成本加酬金合同等。

1. 单价合同

单价合同指承包合同内明确规定分项工程的单价,工程结算按实际完成的工程数量和合同单价计算工程价款的一种工程施工承包合同形式。一般在合同中要列出工程项目、计量单位、工程数量、承包单价、合价等项目,单价在合同执行期内是不能变动的。这种合同形式有利于降低投标报价,有利于处理变更工程的计价,有利于减少施工索赔或降低索赔的难度。

2. 总价合同

总价合同是按双方商定的总价承包工程,在合同执行过程中合同总价不变。这种合同便于业主控制和支付工程款。对于承包商来说,若设计图纸和说明书详细正确,订立合同时考虑

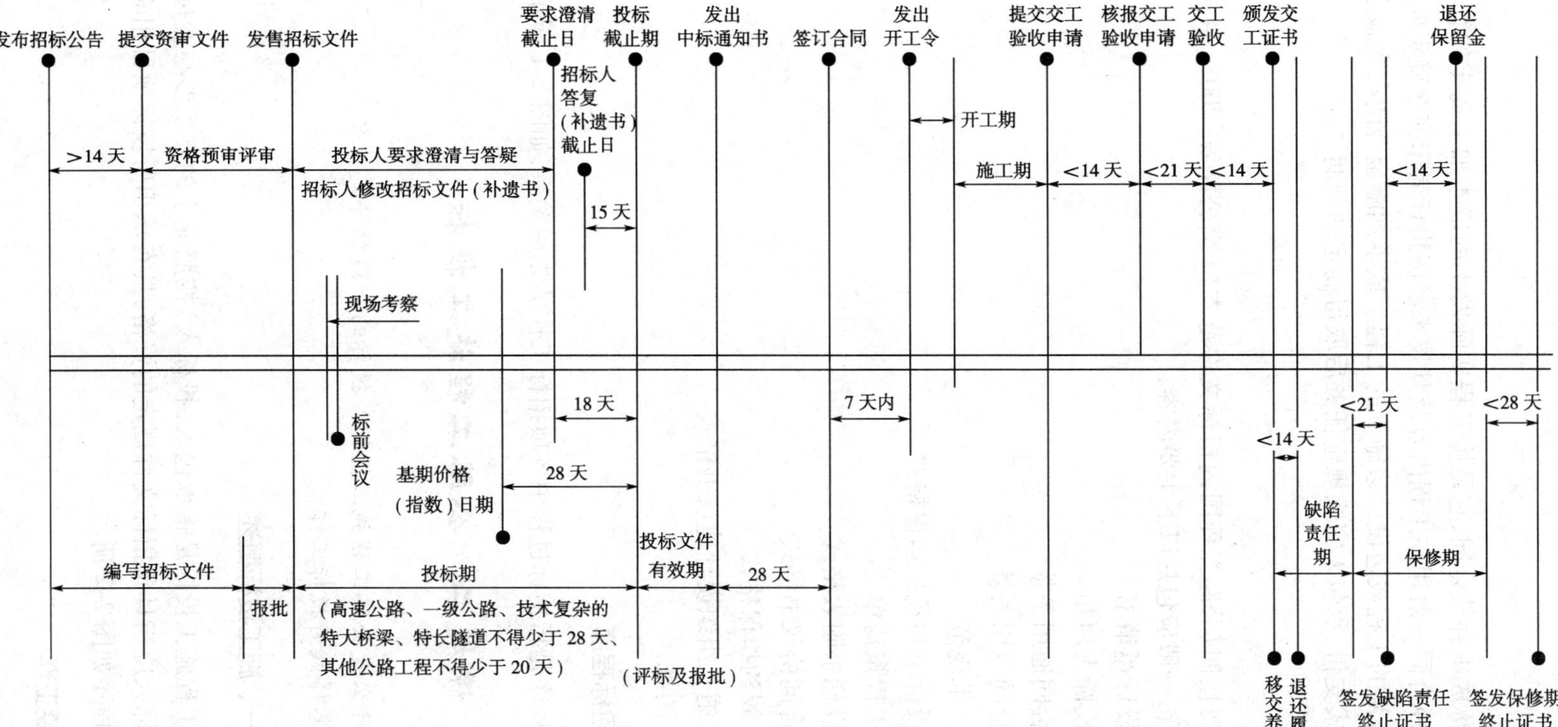

图 2-1　公路工程公开招标工作流程图

比较周全,也不会有太大的风险。总价合同有固定总价合同、调价总价合同和估计工程量总价合同三种形式。

3. 成本加酬金合同

成本加酬金合同也称成本补偿合同,它是按工程实际发生的成本加上商定的管理费和利润来确定工程造价。这种合同一般用在工程内容及其技术经济指标尚未完全确定而又急于上马的工程,如灾后急需修复的工程或边设计边施工的工程。成本加酬金合同在实施中,工程成本费采用按实报销的方式支付,承包人完成规定任务后取得商定的利润。

五、施工招标文件

国内工程招标文件要按照《公路工程国内招标文件范本》(交公路发[2003]94 号)(以下简称《范本》)的要求执行,一般应包括以下主要内容:

第一卷　第 1 篇　投标邀请书
　　　　第 2 篇　投标人须知
　　　　第 3 篇　合同通用条款
　　　　第 4 篇　合同专用条款
第二卷　第 5 篇　技术规范
第三卷　第 6 篇　投标书与投标担保格式
　　　　第 7 篇　工程量清单
　　　　第 8 篇　投标书附表格式
　　　　第 9 篇　合同协议书格式
　　　　第 10 篇　履约担保格式
　　　　附　篇　施工组织设计建议书格式
第四卷　第 11 篇　图纸

六、工程项目施工招标程序

工程项目施工招标程序是指招标过程中各项招标工作的先后关系,如图 2-1 所示。

课题二　公路工程施工投标

什么是公路工程施工投标?投标的一般程序是什么?
怎样做好投标工作?

读一读

一、施工投标概述

工程施工投标是指承包人(投标人)按照业主的要求参与竞标、承揽工程任务的活动过程。投标人应当具备招标文件规定的资格,具有承担所投标项目相应的能力。

公路工程施工投标程序如图 2-2 所示。

二、施工投标的主要工作

1. 投标组织

投标是企业业务开发的一项重要的、经常性的工作,一般是由经营部或业务开发部完成,同时又需要企业领导及时作出决策。参加投标的人员应当对投标业务比较熟悉,需要掌握技术、经济、法律和建设市场等情况,每个项目投标前都要根据实际需要选定参加投标的人员,组成投标组。

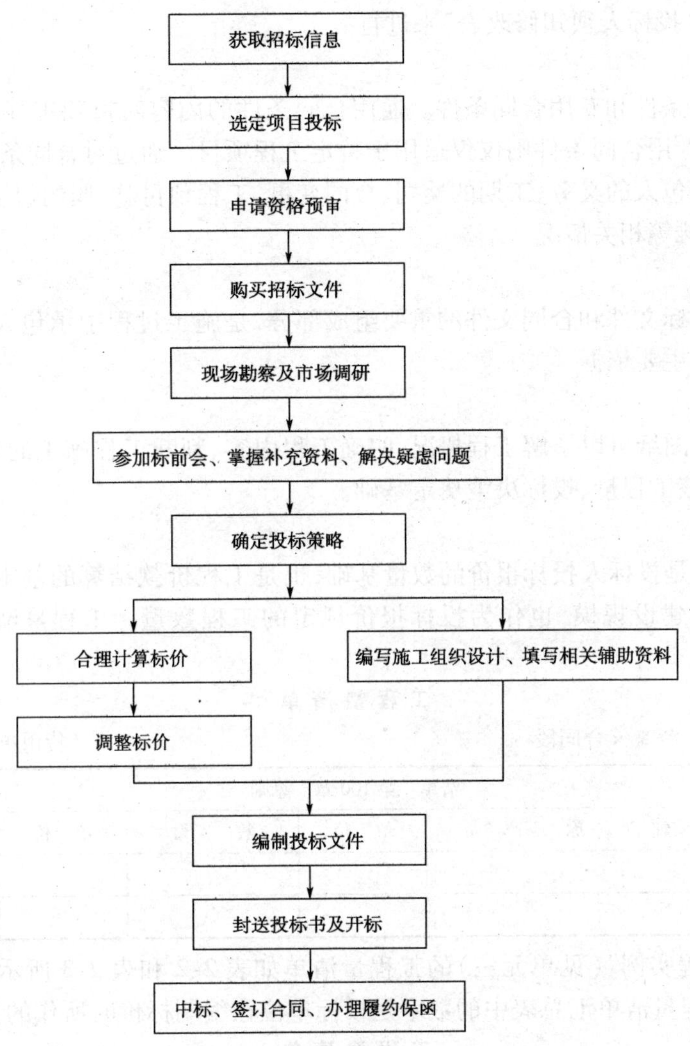

图 2-2　公路工程施工投标程序

2. 参加资格预审

通过对招标信息研究,并决定对某项目进行投标后,投标人就要报名参加资格预审,购买资格预审文件、填写资格预审表格、提交资格预审证明材料。

投标人提交的资格预审材料包括规定的表格和资格证明材料,资格证明材料有三大类:

(1)资质证明材料。如企业资质证书、资信证书,拟派往工地的主要管理、技术人员的资格证书、职称证书等。

(2)业绩证明材料。已完成类似工程项目的项目清单和相应证明材料。

(3)社会信誉方面的证明材料。包括在近期完成的项目的工程质量奖、业主好评证明材料、工程节约奖以及认为业主感兴趣的其他证明材料。

3. 研究招标文件

投标人购买了招标文件后,应及时阅读和研究招标文件,以便在现场考察和标前会议时有重点地考察和解决疑问。

1）投标人须知

如果招标人结合具体工程项目对《范本》中的“投标人须知”进行改动时，通常采用“投标人须知资料表”和“投标人须知修改表”来进行。

2）合同条款

包括通用合同条件和专用合同条件。通用合同条件的内容对每项工程招标具有通用性，使用时不得修改；专用合同条件则仅仅适用于特定工程项目。通过对合同条款的研究，明确业主、监理工程师、承包人的义务、工期的奖罚、合同变更、工程预付款、履约保证金、计量、支付条件、保险与风险分摊等相关情况。

3）技术规范

技术规范是招标文件和合同文件的重要组成部分，是施工过程中承包人控制质量和建立工程师检查验收的主要依据。

4）设计图纸

通过阅读设计图纸可以了解工程概况、明确工程内容、判断工程施工的难易程度，为编制施工组织设计、复核工程量、投标决策奠定基础。

5）工程量清单

工程量清单既是投标人投标报价的数量基础，也是工程价款结算的基本依据。工程量清单反映了合同段的建设规模，也作为投标报价规定的工程数量。工程量清单格式如表2-1所示。

工程量清单

表2-1

合同段：×××工程××合同段　　（货币单位：人民币元）

清单　第100章　总则					
细目号	细目名称	单位	数量	单价	合价

本书所列“工程实例”（见单元三）的工程量清单如表2-2和表2-3所示。本清单中的单价、合价两栏及工程量清单汇总表中的数字是投标单位在编制标价时所作的报价。

工程量清单

表2-2

合同段：河南郑州某二级公路改建工程No.1合同段　　（货币单位：人民币元）

清单　第200章　路基					
细目号	细目名称	单位	数量	单价	合价
203－1	路基挖方				
－a	挖土方	m^3	136670.000	2.19	299307
－b	挖石方	m^3	67805.000	14.40	976392
204－1	路基填筑（包括填前压实）				
－b	利用土方	m^3	136670.000	5.44	743485
－c	利用石方	m^3	42975.000	9.98	428890
－e	借土填方	m^3	2800.000	13.08	36624
……					

续上表

清单　第200章　路基					
细目号	细 目 名 称	单　位	数　　量	单　价	合　　价
304－1	水泥稳定土底基层				
－a	厚180mm	m^2	102000.000	19.32	1970640
304－2	水泥稳定土基层				
－a	厚150mm	m^2	96000.000	14.63	1404480
307－1	透层	m^2	96000.000	4.49	431040
307－2	黏层	m^2	96000.000	1.84	176640
308－1	细粒式沥青混凝土				
－a	厚30mm	m^2	90000.000	22.10	1989000
308－3	粗粒式沥青混凝土				
－a	厚40mm	m^2	90000.000	19.97	1797300
……					
404－1	干处挖土方	m^3	978.000	15.67	15325
405－1	钻孔灌注桩，桩径1.2m	m	25.000	23250.36	581259
410－2	混凝土下部结构	m^3	234.000	1061.65	248426
410－4	预制混凝土上部结构	m^3	645.000	922.62	595090
420－1	钢筋混凝土盖板涵1.0m×1.0m	m	10.000	57015.50	570155
……					

工程量清单汇总表　　表2-3

合同段：河南郑州某二级公路改建工程No.1合同段

序　　号	章　　次	科 目 名 称	金额(元)
1	100	清单　第100章　总则	
2	200	清单　第200章　路基	2251270
3	300	清单　第300章　路面	7769100
4	400	清单　第400章　桥梁、涵洞	2010255
5		拌和楼安拆	158372
6	第100章～第700章清单合计		12188997
7	已包含在清单合计中的专项暂定金额小计		
8	清单合计减去专项暂定金额(即6－7)＝8		12188997
9	计日工合计		
10	不可预见费		
11	投标价(6＋9＋10)＝11		12188997

4.现场调查与考察、标前会议

1)现场调查与考察

进行现场调查与考察，应了解工程所在地的自然地理条件、现场施工条件、市场情况、业主情况和竞争对手情况。考察后要写出简明的考察报告，并附有参考资料、结论和建议。

2)标前会议

业主通常在组织了现场考察后召开标前会议，投标人应按照投标须知资料表中写明的时间和地点，派代表出席标前会议。标前会议的目的，是澄清并解答投标人在查阅招标文件和现场考察后提出的涉及投标和合同方面的问题，投标人应在标前会议召开以前，以书面的形式将要求答复的问题提交招标人，由招标人进行澄清和解答。

5. 编制施工组织设计

投标阶段的施工组织设计是投标人对拟建工程组织实施的总纲，包括对拟建工程采取的施工方法、施工方案以及时间安排、资源利用计划和资金规划等。它是投标人编制投标价的基本依据，也是中标后编制实施性施工组织设计的重要依据，业主也可以通过它了解投标人的对所投标的工程进行的施工组织（施工方法、工艺流程、作业方式）、质量控制、工期控制、成本控制等，作为评标时的重要资料。施工组织设计的编制方法见本书“单元五”。

6. 投标价的计算

投标报价的计算，包括工程项目分析、单价分析、工程成本计算、利润水平和投标价的确定等。

1）标价的组成

工程量清单中所有项目均要计算费用。投标报价由以下费用组成：

（1）直接费。包括直接工程费（人工费、材料费、施工机械使用费）和其他工程费（冬季施工增加费、雨季施工增加费、夜间施工增加费、特殊地区施工增加费、行车干扰工程施工增加费、安全及文明施工措施费、临时设施费、施工辅助费、工地转移费）。

（2）间接费。包括规费（养老保险费、失业保险费、医疗保险费、住房公积金、工伤保险费）和企业管理费（基本费用、主副食运费补贴、职工探亲路费、职工取暖补贴、财务费用）。

（3）利润和税金。

（4）设备、工具及家具购置费。包括设备、工具、器具购置费和办公及生活用家具购置费。

（5）工程建设其他费用。包括土地征用及拆迁补偿费、建设项目管理费、研究试验费、前期工作费、专项评价（估）费、施工机构迁移费、供电贴费、联合试运转费、生产人员培训费、固定资产投资方向调节税、建设期贷款利息。

2）报价的编制

（1）准备工作。熟悉招标图纸和说明、熟悉招标文件内容、考察工程现场、进行材料价格调查。

（2）工程量计算。复核工程量清单、按定额计算工程量。

（3）确定工料机单价。

（4）确定及计算各种费率。

（5）计算工程项目总金额。

（6）编制单价。

（7）确定报价。

报价的编制要根据各类定额、各种取费标准、工程施工图设计、工料机单价资料、施工组织设计等，按照现行《公路工程基本建设项目概算预算编制办法》的规定进行计算。目前国内通常用广东珠海同望公司开发的 WECOST 造价软件进行计算。

确定投标价时必须考虑业主的评标标底的可能数值，以此数值为基础，调整、确定投标价，使之在有效标范围内，且能获得较高综合评价得分。

7. 确定投标策略

投标单位应综合考虑投标项目的竞争情况、企业的优势、企业目前的经营状态和发展战略、在建工程任务、工程成本、施工风险等各种情况，确定该投标项目的投标策略，以达到期望的利润水平，并依此确定投标报价。工程投标的基本策略有：

(1)赢利策略。即在报价中以较大的利润为投标目标的策略。这种策略适用于投标单位对该项目拥有技术上的垄断优势、工期短、竞争对手少的情况。

(2)微利保本策略。即在施工成本、利税及风险费三项费用中降低利润目标，甚至不考虑利润的一种策略。通常在企业工程任务不饱满、工程承包市场供大于求、竞争对手强及业主按最低标价中标时可采用。

(3)低价亏损策略。即在报价中不仅不考虑企业利润，相反考虑一定亏损后提出的报价策略。通常只在市场竞争激烈承包商又急于打入市场而采用的投标策略。

(4)冒险投标策略。即在报价中不考虑风险费用的策略。只有在市场竞争激烈且又急于寻找施工任务或着眼于打入市场时才予采用。

(5)优化策略。即发现并修改原有施工图设计中存在的不合理情况或采用新技术优化设计方案。若这种设计能大幅度降低工程造价或缩短工期且设计方案可靠，则这种设计方案一经采纳，承包人即可获得中标资格。

(6)缩短工期策略。即通过先进的施工方案、施工方法、科学的施工组织或优化设计来缩短工期。这对承包商获取中标是有利的。

(7)附加优惠策略。即得知业主资金较紧张或“三材”供应有困难的情况下，附带地向业主提出相应的优惠条件来取得中标资格的一种投标策略。

(8)低价索赔策略。即在招标文件中存在漏洞甚至一些错误，或业主不能提供必要的施工条件，开工后必然违约的情形下，有意将价格报低，先争取中标，以后通过索赔来挽回低报价的损失。

几种投标策略可以单独使用，有时也可以交叉使用。

8. 编制投标文件

编制投标文件即编标书，是指按照投标人须知的要求编制施工组织设计、投标报价及其他相关内容，并按规定装订成册。《范本》规定的投标文件内容有：(1)投标书及投标书附录；(2)投标担保；(3)授权书；(4)联合体协议书(如有)；(5)标价的工程量清单；(6)投标书附表；(7)施工组织设计；(8)资格预审的更新资料；(9)选择方案及其报价；(10)按投标人须知规定应填报的其他资料。

9. 投递标书

投递标书时间通常在紧靠投标截止时间前送达。一般情况下，投标截止时间就是开标时间，递标后随即参加开标会议。

复习思考题

1. 什么是公路工程施工招标？
2. 公路工程施工招标的主要工作有哪些？
3. 公路工程施工招标文件应包括内容？
4. 工程施工投标应遵循的程序是什么？
5. 公路工程施工投标文件由哪几部分组成？

单元三　公路工程定额

应知点

1. 定额的概念、作用、特点和分类；
2. 预算定额的内容组成；
3. 定额表的构成。

技能点

1. 定额的查找、套用和抽换方法；
2. 分项工程的分解及工、料、机分析。

课题一　定额概述

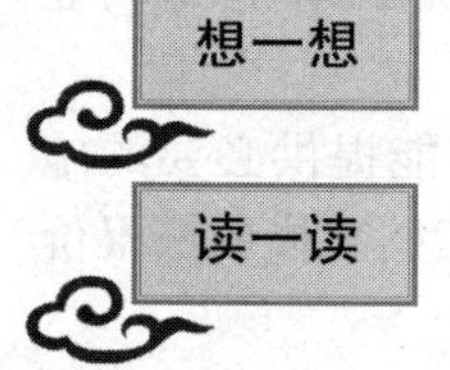

想一想

什么是定额？什么是公路工程定额？

公路工程定额有什么使用要求？

读一读

在企业生产经营过程中，对人力、物力、财力的使用和消耗，经过科学地测定、分析、计算后用数字加以规定形成的法定尺度，就是定额。它是组织施工的基础，也是计算工料机、资金消耗量的依据，还是工程计价的主要依据。定额反映了一定时期的社会生产力水平，随着生产技术的提高和生产管理的现代化，定额需要及时修改及补充，以提高劳动生产率、降低成本。

我们使用定额的目的是为了加强企业的科学管理，充分发掘生产潜力，将生产过程中投入的巨大的人力、物力、资金科学合理地组织起来，在保护工人安全和健康的前提下，以最少的劳动消耗，生产出质量最好、数量最多、成本最低、经济效益最好的产品。

一、定额的概念

定额是指在一定的生产技术和生产组织条件下，为完成一定量合格产品或工程量所规定的人力、物力、资金等消耗量的标准。

二、定额的作用

在公路建设中，定额作为生产过程中的某一工作所需要的人工、材料、机械的消耗标准，可以用来指导组织施工，进行人员、机械的配置。同时还可以结合当时当地的人工、材料和机械的价格，推算出此工作所需要的资金数量。其作用具体表现如下：

(1)定额是施工管理的依据；

(2)定额是确定工程造价，进行技术经济评价的依据；

(3)定额是按劳分配及经济核算的依据；

(4)定额是总结、分析和改进生产方法的手段。

三、定额的特点

(1)科学性。定额是在认真总结和研究生产规律的基础上,通过对工时分析、动作分解、现场布置、工具改革等研究,运用数理统计等科学方法制定出来的,所以定额具有科学性。

(2)法令性。定额是经过国家和有关政府部门批准颁发的,它具有法令性,任何单位必须严格执行,不得任意改动。

(3)群众性。定额是通过广泛的数据搜集、分析制定的,它的制定和执行要有许多部门和广大群众的直接参与并与他们的利益密切相关,因此具有广泛的群众性。

(4)相对稳定性。定额反映的是一定时期内施工技术和先进工艺的水平,表现为一定的稳定性。但它不是一成不变的,而是随着生产力水平变化而变化的。当生产力水平变化不大时,有必要保持定额的相对稳定性。

四、定额的分类

工程定额一般可按两种方法分类,即按生产因素分类和按定额用途分类。如图3-1所示。

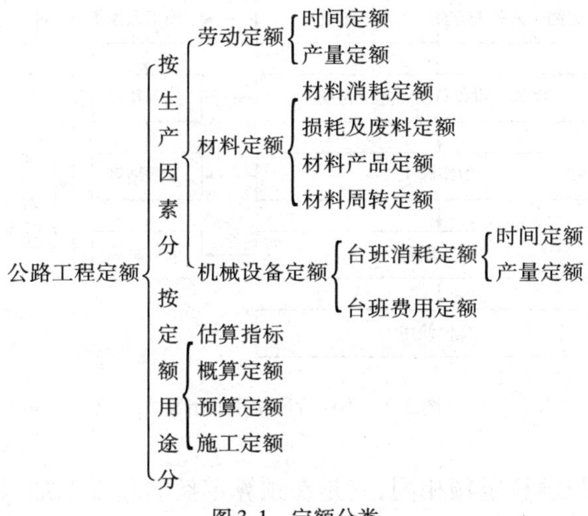

图3-1 定额分类

五、定额的使用要求

在公路基本建设程序中,工程建设所处的阶段不同,所使用的定额也不同,如图3-2所示。

1. 施工定额

施工定额属于施工企业内部使用的定额,在施工阶段及施工准备阶段使用。施工定额是规定建筑安装工人或小组在正常施工条件下,完成单位合格产品的劳动力、材料和机械消耗的数量标准。它是施工企业组织生产、编制施工阶段施工组织设计和施工作业计划、签发工程任务单和限额领料单、考核工效、评奖、计算劳动报酬、加强企业成本管理和经济核算、编制施工预算的依据。它也是编制预算定额和补充定额的基础。施工定额包括时间定额和产量定额,定额水平是平均先进的。采用的产品单位一般比较细,其中时间以工时计,产品以最小单位(m、m^2、m^3等)计,定额子目多、细目划分复杂。

2. 预算定额

预算定额属于计价定额的性质。这种定额采用的产品单位比施工定额大,时间以工日、台班计,产品单位以10m、$10m^3$等计,它是按分项工程和结构构件的要求,以一定产品单位来规定劳动力、材料和机械的消耗数量,主要是为了满足编制施工图预算的要求。预算定额是编制概算定额的基础,定额水平是先进合理的,它比施工定额水平略低。

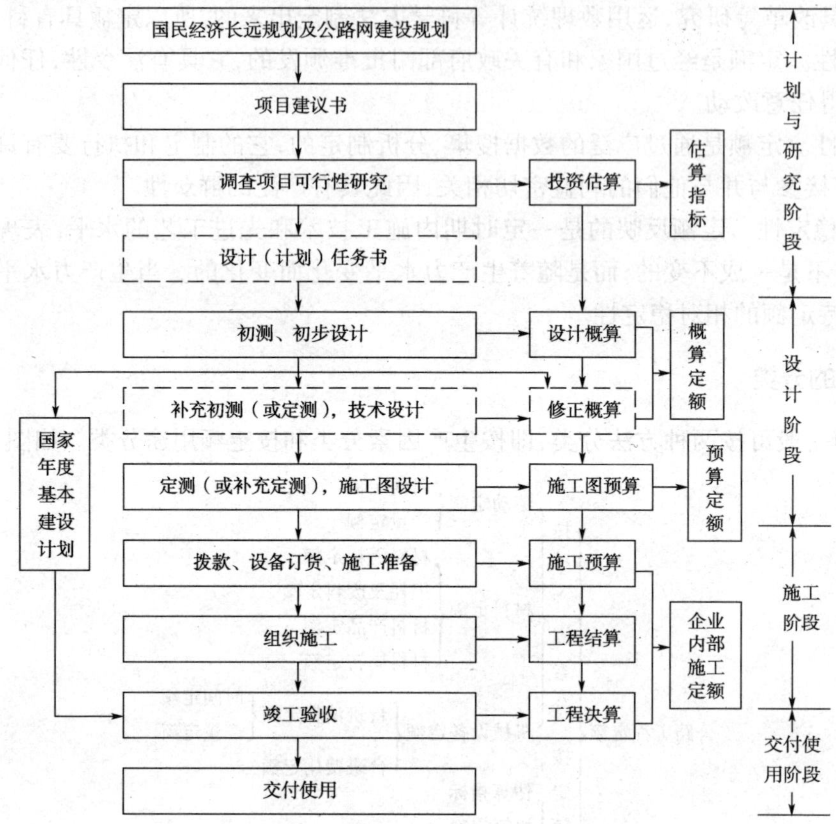

图3-2　不同阶段使用的定额

3. 概算定额

概算定额在性质上与预算定额相同,它是在预算定额的基础上加以综合而成的,因而工程项目使用更大的单位来表示,如:小桥涵以座(道)、桥梁上部构造以10m标准跨径、$1000m^2$黑色碎石路面、公路公里……定额水平比预算定额为低,它是编制设计概算、修正概算的主要依据;是对初步设计和技术设计阶段的设计方案和施工方案进行经济比较和选择的重要依据;是主要材料申请计划的计算基础,也是编制估算指标的基础。

4. 估算指标

估算指标是在项目研究阶段编制估算文件的依据,而估算的总费用仅仅作为社会效益、回收期计算的参考,所以它的作用和重要性是特别的。估算指标是根据国家计委统一安排,由交通运输部公路工程定额站主编,各省、自治区、直辖市交通厅(局)和部属公路设计单位共同编制的。它的编制是在近几年全国公路建设项目的设计资料和竣工文件的基础上,选用合理的工程量,参考各种标准施工图纸,以现行的公路工程技术标准、技术规范、概算定额和各项费用定额为依据制定的。

5. 公路工程机械台班费用定额

交通部2007年10月19日发布2008年1月1日正式实施的《公路工程机械台班费用定额》规定了各种公路工程施工机械的一个台班的消耗标准,是目前编制公路基本建设工程概、预算，进行经济核算的依据。公路养护的大、中修工程可参考使用。

本定额内容包括：土石方工程机械，路面工程机械，混凝土及灰浆机械，水平运输机械，起重及垂直运输机械，打桩、钻孔机械，泵类机械，金属、木、石料加工机械，动力机械，工程船舶，其他机械等，共计 11 类 746 个子目。

该定额的主要用途是：

(1)分析计算台班单价。即按预算定额总说明第十四条规定，编制预算需分析计算机械台班单价时，可按该定额分析计算确定。

(2)计算台班消耗人工、燃料等实物量。为了编制施工组织设计，需要统计人工、材料、机械的实物量以确保劳动力和材料等的供应。有关机械所消耗的各种物资的实物量，要根据本定额分析计算确定。

(3)用该定额中的基价作为台班单价。某些省、市或地方，可按当地交通厅的规定，直接引用定额中的基价作为台班单价来编制工程预算。

课题二　公路工程预算定额

公路工程预算定额的作用有哪些？

公路工程预算定额表包括哪些内容？

一、预算定额的作用

(1)预算定额是编制施工图预算的基础，同时也是确定建设项目工程造价，控制项目投资的基础。施工图预算是施工图设计文件之一，是控制建设项目投资和确定工程造价的依据。

(2)预算定额是对施工图设计方案进行技术经济比较、进行技术经济分析的依据。

施工图设计方案要满足功能要求，并要求符合设计规范，既要技术先进又要经济合理。根据预算定额对设计方案进行技术经济分析和比较，即对不同的方案通过定额计算所需人工、材料和机械台班消耗量，材料的质量、材料来源及工期进行比较，判断方案的经济性，以确定最优方案。

对于新结构、新材料及新的施工工艺，也需要借助预算定额进行技术经济分析和比较，从技术先进与经济合理等各个方面评价其推广的可能性和经济效益。

(3)预算定额是编制施工组织设计的依据。

施工图设计阶段编制施工组织设计时，要根据预算定额计算劳动力、材料、成品、半成品和施工机械台班的需要量。同时也依此组织材料的供应或预制构件加工，平衡劳动力和施工机械。

(4)预算定额是工程结算的依据。

工程结算是建设单位和施工企业按照工程进度对已完工程实现货币支付的行为。由于建筑安装工程的周期长，不可能采取竣工后一次支付，往往需要在施工过程中通过分次结算方式支付工程价款。对已完工程进行结算时，必须以预算定额为依据进行工程款的结算。

(5)预算定额是施工企业进行经济活动分析的依据。

实行经济核算的目的是利用经济的方式促使企业在保证质量和工期的条件下，用较少的劳动消耗取得最大的经济效果。企业必须把达到和超过定额水平作为具体目标，在施工中尽量降低劳动消耗,提高劳动生产率,采用新技术和提高劳动者素质,以取得较好的经济效果。

(6)预算定额是编制概算定额和估算指标的基础。

概算定额和估算指标是在预算定额的基础上加以综合而成的,其工程项目的划分和计量单位较预算定额要大,编制概算定额和估算指标均以预算定额为依据。这样做不仅是为了节省编制工作中大量的人力、物力和时间,同时还可以使概算定额和估算指标在水平上与预算定额一致,以避免造成执行中因定额水平不同而产生的影响。

(7)预算定额是合理编制标底、投标报价的基础。

企业在参与建筑市场竞争时,需要利用预算定额来作为确定投标报价的重要依据。业主在制定标底时,也要以预算定额为依据。

二、预算定额的组成

现行《公路工程预算定额》(JTG/TB 06—02—2007)(以下简称《预算定额》)是全国交通公路专业定额。它适用于公路基本建设新建、改建工程,公路养护的大、中修工程可参考使用。它包括路基工程、路面工程、隧道工程、桥涵工程、防护工程、交通工程及沿线设施、临时工程、材料采集及加工、材料运输共九章和附录等内容。其组成有:

(1)定额的颁发公告。政府主管部门(交通运输部)关于发布定额、实施日期、负责解释的部门等法令性文件。

(2)定额总说明。涉及定额使用方面的规定和解释,共有22条,应用定额时必须反复阅读、认真理解。

(3)章、节说明。各章、节使用时的注意事项和计算要求,应详细阅读并理解,以便做到正确运用定额。

(4)定额表。包括表号、名称、工程内容、定额单位、工料机消耗量和表注,如图3-3所示。

表号及名称:定额表的编号按“章—节—序号—名称”的格式编写。

工程内容:本表所列项目所包含的操作内容,查定额时必须将实际发生的项目操作内容与表中的工程内容相比较,若不一致,应调整或换算。

定额单位:指本表工程项目的计量单位。如:$10m^3$、$1000m^2$、1km、1t及每增减1m等。

顺序号:指本表项目所消耗的工、料、机及费用的顺序号。

项目:本表的工程所需人工、材料、机具、费用名称、规格。

单位:指所消耗的工、料、机及费用的计量单位。

代号:电算代号。当采用电子计算机编制工程预算时可用此代号对工、料、机名称加以识别,不可随意变动。

工程细目(子目):表示本定额表所包含的各种细目。应用定额时根据实际工程情况选择所需细目。

栏号:指工程细目编号。

定额值:即各种资源的消耗数量。

基价:指工程细目的人工费、材料费、机械使用费的合计价值。

注:对定额表的补充说明,应仔细阅读。

(5)定额附录。包括路面材料计算基础数据、基本定额、材料的周转及摊销、定额基价人工材料单位质量单价表四个附录。

1-1-1　伐树、挖根、除草、清除表土 —— 定额表名称

定额表号，表示第1章、第1节、第1目

工程内容　伐树:(1)锯(砍)倒；(2)断枝；(3)截断；(4)运出路基外；(5)场地清理

挖根：(1)起土挖根；(2)场地清理；(3)运出路基外

除草：(1)割草；(2)挖根(连根挖)；(3)场地清理

清除表土：推土机推挖表土,推出路基外

—— 本定额表里各子目(细目)里具体包含的工程内容

单位：10棵、1000m²、10m³及100m³ —— 定额单位

顺序号	项目	单位	代号	伐树及挖根(10棵) 树(直径10cm以上)			砍挖灌木林(1000m²)(直径10cm以下)		除草(1000m²)				挖竹根	清除表土(100m³)	
				人工伐树及挖根	人工伐树,推土机推挖树根 推土机功率(kW)				人工割草	人工挖草皮	推土机推除草皮 推土机功率(kW)			推土机功率(kW)	
					90以内	135以内	稀	密			90以内	135以内	(10m³)	90以内	135以内
				1	2	3	4	5	6	7	8	9	10	11	12
1	人工	工日	1	11.9	3.1	3.1	9.0	19.8	2.9	20.6	—	—	3.4	0.4	0.4
2	90kW以内履带式推土机	台班	1004	—	0.10	—	—	—	—	—	0.33	—	—	0.26	—
3	135kW以内履带式推土机	台班	1006	—	—	0.06	—	—	—	—	—	0.20	—	—	0.16
4	基价	元	1999	585	226	224	443	974	143	1014	241	237	167	209	209

此行的1~12为本定额表里各子目(细目)

注:1. 砍挖灌木林,每1000m²220棵以下为稀,220棵以上为密；

2. 挖竹根按挖坑体积计算；

3. 挖芦苇根按挖竹根乘0.73的系数；

4. 清除表土和除草定额不可同时套用。清除的表土如需远运,按土方运输定额另行计算。

—— 本定额各细目里的附加条件注解说明

图3-3　定额表的构成

①基本定额。基本定额是公路工程预算定额的组成部分，是指在合理的条件下，为生产单位数量半成品、中间产品所规定的各种资源（工、料、机、费用等）消耗量标准，如混凝土工作定额、模板工作定额等。

基本定额的主要用途是：

a. 进行定额抽换。所谓定额抽换，就是当设计中所规定的工作内容、子目或与表中某序号所列的规格（如混凝土强度等级）不符时，则应查用相应定额或基本定额予以替换。例如设计要求用 C20 混凝土，而定额中所列为 C25 混凝土，此时即应查基本定额进行计算并予以替换。在抽换前应仔细阅读定额的总说明和章节说明与注解，确定是否还需要抽换，以及怎样抽换。关于定额抽换的示例，可参见后面的举例。

b. 分析分项工程（工作）或半成品所需人工、材料、机械等消耗量。当设计中出现定额表中查不到的个别分项工程、工作时，应根据其具体工程数量通过基本定额的有关表，分析计算所需工、料、机等数量。例如新型结构桥梁中的某混凝土构件在定额中查不到，此时即可通过基本定额来计算其所需人工、机械材料数量；若需模板，尚应按“桥涵模板工作”来分析工、料。

②材料周转及摊销。材料的周转及摊销定额规定各种周转性材料的周转、摊销次数，使用时对达不到规定周转次数的材料定额进行抽换。

三、引用定额的编号

预算定额在引用时一般按“页-表-栏”或“表-栏”的格式书写定额编号。例如：引用《预算定额》第 9 页第 1 章第 1 节的第 6 目“1-1-6 人工挖运土方”的第 2 子目（栏）时，就写“9-1-1-6-2”或“1-1-6-2”。若所引用的定额调整或抽换，就写“1-1-6-2 改”。若需和其他子目进行运算，就写“1-1-6-2 +4 ×2”，即需要该表的第 2 栏加上第 4 栏乘以 2。

四、定额的应用

怎样根据工程设计资料查找到相应的定额？

怎样应用定额中的数值？

遇到实际工程内容跟定额内容不一致时怎么办？

《预算定额》项目划分较细，章、节说明繁多，要想正确运用，需要全面、反复地阅读和理解总说明及各章说明，掌握定额表中划分的各工程细目所包含的工程内容、采用的计量单位的大小、有关附注的要求和四个附录的使用方法等，多做多练，不断加深理解，逐步掌握运用方法。

1. 定额的一般套用方法

运用定额，即套用定额，要做好此项工作，必须熟悉公路工程的各分部、分项工程的内容和施工工序、施工方法，对定额的内容要全面了解，同时还要认真研读设计图纸和相关资料。

(1) 对工程项目进行分解，明确该分项工程应该查定额的哪一章，在定额目录中逐步确定查哪个表。

(2) 查看表上的“工程内容”是否与设计要求、施工组织要求一致。若一致，就直接套用，并进一步确定要用的工程细目（子目栏）；若不一致，要确定怎样调整或补充。

(3) 检查定额表的计量单位是否与实际工程项目一致，若不一致要进行换算。

(4) 查看定额的总说明、章节说明和表下的小注是否与所查子目有关，并按规定处理。

(5) 按照子目对应的各工、料、机序号确定各项定额值，有时直接抄录，有时还需要计算后抄录。

2. 定额单位与工程数量

工程量的正确与否直接影响概预算造价，怎样将工程数量使用正确是造价人员注意的一个重要环节。由于设计图纸上的工程量或工程量清单上的工程量，它们的单位和内容与所用定额并不完全一致，往往需要造价人员根据定额的需要进行换算或调整，达到计算造价与实际造价相符的目的。

1）体积与面积单位调整

计算中应该特别注意面积与体积不一致的情况，如"人工挖土质台阶"，定额代号为预(1-1-4)，定额单位 $1000m^2$，设计图纸或施工图工程量一般都以 m^3 为单位列出。要换算为统一的面积单位，先将设计图纸上的开挖深度、宽度分析、统计出来，计算平均开挖深度(或加权平均深度)，然后用设计体积除以平均深度，从而求得平均面积。"沥青混合料路面"，定额单位为 $100m^3$，设计图纸一般以千平方米为单位列出，套用定额时要换算成统一的体积单位，即把图纸上的路面面积乘以其厚度就得体积。还有填前夯实土的回填、清除场地的砍树挖根、回填等都存在换算问题。

2）体积与个数的调整

在编制概预算文件时，如果遇到个数与体积的不一致，其换算不是简单的数学计算，必须在手头上准备大量计算方面的基础资料。而这些基础资料的获得必须与厂商、政府管理部门取得联系，从任何教科书或参考书上是难以获得的。

如支座与伸缩缝。设计者一般提供型号及对应的个数(包括固定支座、滑动式支座)，而定额单位却是 t 或 dm^3，必须找到有关生产厂家及型号，如标准图纸和基本数据等，才能换算出定额单位所需的 t 或 dm^3。伸缩缝的单位多变，设计者一般提供桥梁宽度数据(及伸缩缝长度)，但如毛勒伸缩缝及沥青麻絮伸缩缝定额单位则是 t 或 m^2。

这一类定额的单位及工程量有很多，在桥梁工程部分，如锚具、钢护筒、金属设备等工程数量的计算就应该注意换算，并且注意收集有关的基础数据。

3）工程量与定额单位虽相同但存在一定的换算关系

定额单位与工程量一致，但有时不能直接使用，必须提供一定的换算关系后才能正确使用。如路基土石方体积单位的天然密实方与压实方之间的差值。定额在挖方时按天然密实方施工考虑，填方按压实方考虑。根据预算定额第一章第一节说明，使用定额时，该系数能否正确运用将极大影响造价。

3. 定额应用示例

1）定额的一般应用

【例 3-1】 河北省境内某路基工程，人工挖运普通土，人力挑抬平均运距 40m，试确定其预算定额。

解：由《预算定额》目录可知，该定额在第 9 页，第一章第一节的第 6 表。该定额表号为〔9-1-1-6-2 +4 ×2〕。计算该项目的预算定额(每 $1000m^3$ 天然密实方)：

人工　　　　181.1 + 18.2 × 2 = 217.5 工日

基价　　　　8910 + 895 × 2 = 10700 元

【例 3-2】 试确定人工采筛洗堆砂联合作业的预算定额(成品率按 60% 计)。

解：由《预算定额》目录可知该定额在第 957 页，定额表号为 8-1-4，注意该表的注(2)。确定定额表号为〔959-8-1-4-4 +6〕及注(2)。计算(每 $100m^3$ 堆方)：

人工　　　　　　　　$(32.1+45.2)-3.0=74.3$ 工日

基价　　　　　　　　$(1579+2224)-3\times49.2=3655.4$ 元

(查基价表得人工的定额基价为49.2/工日)

【例3-3】 某单车道沥青贯入式路面,采用石油沥青洒布,面层厚5cm,宽4m,该路段长2km,试确定面层的人工和机械定额值,并计算其所需人工工日数和机械台班数量。

解:由《预算定额》目录可知该定额在第140页,定额表号为2-2-8,注意该章的说明6。确定定额表号为〔140-2-2-8-2〕及本章说明。

计算面层的人工和机械定额值(每$1000m^2$):

人工　　　　　　　　16.7工日

机械　　　　　　　　6~8t光轮压路机 $=0.95\times1.14=1.083$ 台班

　　　　　　　　　　8~10t光轮压路机 $=1.45\times1.14=1.653$ 台班

　　　　　　　　　　10~12t光轮压路机 $=0.73\times1.33=0.971$ 台班

该工程所需的人工和机械数量为:

人工　　　　　　　　$16.7\times8=133.6$ 工日

机械　　　　　　　　6~8t光轮压路机 $=1.083\times8=8.664$ 台班

　　　　　　　　　　8~10t光轮压路机 $=1.653\times8=13.224$ 台班

　　　　　　　　　　10~12t光轮压路机 $=0.971\times8=7.768$ 台班

【例3-4】 某二级公路工程No.3合同段,料场位于K25+420处,该合同段需要自采石料,采石场位于K36+460处,该合同段采用浆砌片石涵身,需要片石约$4560m^3$。试查《预算定额》计算开采片石的工、料、机消耗量。

解:查《预算定额》P961　8-1-6-2 "机械开采片石"　定额单位:$100m^3$石方

人工:39.2工日　空心钢钎:2.1kg　合金钻头:3.0个　硝铵炸药:20.4kg

导火线:52m　普通雷管:49个　$9m^3/min$以内机械空压机:1.31台班

小型机具使用费:54.9元

$4560m^3\div100m^3=45.6$

该合同段开采片石所消耗的工、料、机数量为:

人工　$39.2\times45.6=1787.52$ 工日　　　空心钢钎　$2.1\times45.6=95.76$kg

合金钻头　$3.0\times45.6=136.8$ 个　　　硝铵炸药　$20.4\times45.6=930.24$kg

导火线　$52\times45.6=2371.2$m　　　普通雷管　$49\times45.6=2234.4$ 个

$9m^3/min$以内机械空压机　$1.31\times45.6=59.736$ 台班

小型机具使用费　$54.9\times45.6=2503.44$ 元

【例3-5】 某二级公路工程No.1合同段,全段里程10.2km,行车道$3.75m\times2$,土路肩$0.75m\times2$,铺筑5%水泥稳定级配碎石基层,厚度为24cm,为保证质量和工程进度,规定采用拌和楼拌和,150kW以内平地机铺筑,试查定额,计算其铺筑工序所消耗的工、料、机数量。

解:现行《公路工程技术标准》中规定:一般公路中,路面基层宽度每侧宜比面层宽出25cm,底基层每侧宜比基层宽出15cm,所以,该合同段的水泥稳定级配碎石基层的工程量应为:

$$10200m\times(3.75m\times2+0.25m\times2)=81600m^2$$

查《预算定额》P79路面基层及垫层说明:"1.各类稳定土基层、级配碎石、级配砾石基层的压实厚度在15cm以内，填隙碎石一层的压实厚度在12cm以内，垫层、基他种类的基层和底基层压实厚度在20cm以内，拖拉机、平地机和压路机的台班消耗按定额数量计算。如超过上述压实厚度进行分层拌和、碾压时，拖拉机、平地机和压路机的台班消耗按定额数量加倍计算，每$1000m^2$增加3个工日。”

查《预算定额》P121 2-1-9-5“机械铺筑厂拌基层稳定土混合料”定额单位：$1000m^2$

所消耗的工、料、机如下：

人工4.6工日　150kW以内自行车平地机：0.31台班　6～8t光轮压路机：0.14台班

12～15t光轮压路机1.27台班　6000L以内洒水汽车：0.31台班

该项目铺筑工序所消耗的工、料、机数量　　$81600m^2 \div 1000m^2 = 81.6$

人工　　$4.6 \times 81.6 + 81.6 \times 3 = 620.16$（工日）

150kW以内自行车平地机　　$(0.31 \times 2) \times 81.6 = 50.592$（台班）

6～8t光轮压路机　　$(0.14 \times 2) \times 81.6 = 22.848$（台班）

12～15t光轮压路机　　$(1.27 \times 2) \times 81.6 = 207.264$（班）

6000L以内洒水汽车　　$0.31 \times 81.6 = 25.296$（台班）

【例3-6】　某公路改建工程中路基土石方工程，土方$276140m^3$（普通土），其中挖方$136670m^3$，填方$139470m^3$，本桩利用$63458m^3$，纵向利用$73212m^3$，调运运距为200m；借方$2800m^3$，借方运距3.5km。

解：(1)分析施工工序，列出工程细目，如图3-4所示。

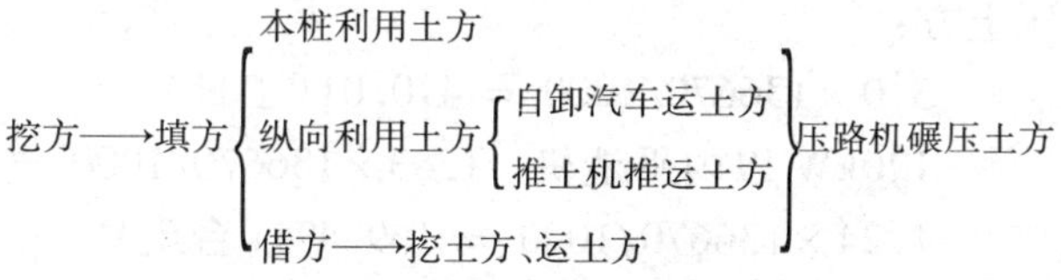

挖方——→填方 { 本桩利用土方；纵向利用土方 { 自卸汽车运土方；推土机推运土方 }；借方——→挖土方、运土方 } 压路机碾压土方

图3-4　路基土方施工工序

(2)套用定额

① 路基挖土方。

选择“1-1-9 挖掘机挖装土”。工程细目为：1-1-9-8　　$2m^3$单斗挖掘机挖装土方普通土。工程量：挖土方总量为$136670m^3$，其中不装车的有本桩利用的$63458m^3$，装车的有纵向利用的$73212m^3$。根据《预算定额》P13对1-1-9挖掘机挖装土、石方的附注，“土方不需装车时，应乘以0.87的系数”，由此对路基挖土方工程做如下分解：

A：挖方，不装车，定额×0.87，土方工程量为：63458 m^3

B：挖方，装车，土方为工程量为：73212 m^3

由以上分析计算得：

a. 挖方，不装车。

人工　　$4.5 \times 0.87 \times 63458/1000 = 248.438$（工日）

机械　　75kW以内推土机 $0.25 \times 0.87 \times 63458/1000 = 13.802$（台班）

$2m^3$单斗挖掘机　　$1.15 \times 0.87 \times 63458/1000 = 63.490$（台班）

b. 挖方，装车。

人工　　$4.5 \times 73212/1000 = 329.454$（工日）

机械　　75kW以内推土机 $0.25 \times 73212/1000 = 18.303$（台班）

$2m^3$单斗挖掘机　　$1.15 \times 73212/1000 = 84.194$（台班）

以上合计得：

人工　　　　　　　　248.438 + 329.454 = 577.892(工日)

机械　　　　　　　　75kW 以内推土机 13.802 + 18.303 = 32.105(台班)

$2m^3$单斗挖掘机　　　　63.490 + 84.194 = 147.684(台班)

②土方填筑。

a. 利用土方填筑。

本桩利用土方：选择“1-1-18 机械碾压路基”，工程细目为：1-1-18-9 二级路 15t 以内振动压路机压土方，工程量：$63458m^3$。

纵向利用土方：1-1-11-21 15t 以内自卸车运土 0.2km；1-1-18-9 二级路 15t 以内振动压路机压土，工程量：$73212m^3$。利用土方碾压土方总量为：63458 + 73212 = 136670 m^3。

因自卸汽车运土运距为 0.2km，而定额 1-1-11-21 是运 1km 的，所以应按 1-1-11-22 15t 内自卸车运土每增 0.5km(5km 内)，确定运 0.2km 的增运级数：

$(0.2 \div 0.5) - (1 \div 0.5) = -1.6$，取增运级数为 −2。

由以上分析计算得：

15t 自卸车运土方，运 0.2km：

机械　15t 自卸汽车运土 1km　5.57 × 73212/1000 = 407.791(台班)

　　　15t 自卸汽车运土增运 −2 级　0.7 × (−2) × 73212/1000 = −102.497(台班)

所以，15t 自卸汽车运土 0.2km　407.791 + (−102.497) = 305.294(台班)

15t 振动压路机碾压土方：

人工　　　　　　　　3.0 × 136670/1000 = 410.01(工日)

机械　　　　　　　　120kW 以内平地机　1.63 × 136670/1000 = 222.772(台班)

6 ~ 8t 光轮压路机　　1.24 × 136670/1000 = 169.471(台班)

15t 振动压路机　　　1.65 × 136670/1000 = 225.506(台班)

b. 借土填方。

选择“1-1-9 挖掘机挖装土、石方”、“1-1-11 自卸车运土、石方”、“1-1-18 机械碾压路基”。

工程细目：1-1-9-8　$2m^3$单斗挖掘机挖装土方普通土；

　　　　1-1-11-21　15t 以内自卸车运土 1km；

　　　　1-1-11-22　15t 以内自卸车运土 5km 以内，每增运 0.5km 为一级，因运距为 3.5km，所以 $(3.5 - 1) \div 0.5 = 5$，故有 5 级增运；

　　　　1-1-18-9　二级路 15t 以内振动压路机压土。

工程量：自卸车运土 $2800m^3$，压路机碾压土方 $2800m^3$。

由以上分析计算得：

$2m^3$单斗挖掘机挖装土方(装车)

人工　　　　　　　　4.5 × 2800/1000 = 12.6(工日)

机械　　　　　　　　75kW 以内推土机 0.25 × 2800/1000 = 0.7(台班)

$2m^3$单斗挖掘机　　　　1.15 × 2800/1000 = 3.22(台班)

15t 自卸车运土方，运 3.5km

机械：15t 自卸汽车运土 1km　　5.57 × 2800/1000 = 15.596(台班)

15t 自卸汽车运土增运 5 级　　0.7 × 5 × 2800/1000 = 9.8(台班)

所以,15t 自卸汽车运土 3.5km　15.596 + 9.8 = 25.396(台班)

15t 振动压路机碾压土方

人工:　3.0 × 2800/1000 = 8.4(工日)

机械:120kW 以内平地机　1.63 × 2800/1000 = 4.564(台班)

6 ~ 8t 光轮压路机　1.24 × 2800/1000 = 3.472(台班)

15t 振动压路机　1.65 × 2800/1000 = 4.62(台班)

2)定额的抽换

《预算定额》的编制具有普遍性,它只将公路工程中普遍采用的一般生产工艺、作业工序列于表中,而在实际工程施工中,总是存在对技术等级、技术标准、施工过程有特殊要求的情况,因此在套用定额时,为保证得到实际的工、料、机消耗,必须对定额进行抽换。

定额的抽换一般有两种情况,一是对材料进行抽换,二是机械的抽换。对材料进行抽换,需要查定额附录,并根据实际工程分析计算。对机械进行抽换时,将新的机械及台班消耗量代替原定额中的机械台班消耗量即可。

【例 3-7】 某公路改建工程,全线共有小桥 5 座,总长 65.80m,均采用钻孔灌注桩基础,桩径为 1.2m,桩长 25m,C25 水下混凝土 850m^3,钢筋 49863kg;钢筋混凝土盖梁,C30 混凝土 234m^3,钢筋 19716kg;钢筋混凝土空心板桥,C40 混凝土 645m^3,钢筋 39230kg。

解:为突出定额抽换,此处仅对“钢筋混凝土空心板桥”进行定额套用。

1)分析施工工序,列出工程细目

该项目包括空心板的预制、运输和安装三个细目。

选择定额:P526“4-7-9 预制矩形板、空心板及少筋微弯板”、P621“4-8-4 平板拖车运输”、P530“4-7-10 安装矩形板、空心板、少筋微弯板”。

2)计算工程量,套用定额

(1)预制空心板梁

4-7-9-4 ~ 5　空心板混凝土及钢筋,工程量:C40 混凝土 645m^3,钢筋 39230kg = 3.923t。

(2)运空心板

4-8-4-8 ~ 12　40t 以内起重机装车平板拖车运输,工程量:645m^3。

(3)吊装、安砌空心板梁

4-7-10-4 起重机安装矩形板、空心板、少筋微弯板,工程量:645m^3。

根据以上分析,分别列出以上三项的人工、材料、机械,具体计算如【例 3-1】中所述,此不再赘述。下面仅对定额中的材料抽换作详解。

如图 3-5 所示,定额中 4-7-9-4 预制空心板混凝土采用的混凝土为 C30,现要求为 C40,所以必须对定额进行抽换。

由《预算定额》4-7-9-4 可知,预制空心板梁混凝土碎石最大粒径为 2cm,可以用定额附录二“基本定额”中“混凝土配合比表”(碎石最大粒径为 2cm,见图 3-6)对 C30 混凝土所需的水泥、中(粗)砂、碎石的消耗量进行抽换。

要使预制空心板梁混凝土由定额表列的 C30 换为 C40,就要调整水泥混凝土配合比,从而使水泥、中(粗)砂、碎石的消耗量也发生变化。材料方法抽换如下:

32.5 级水泥消耗量　0.488 × 10.22 = 4.987t

中(粗)砂消耗量　0.43 × 10.22 = 4.395m^3

20mm 碎石消耗量　0.78 × 10.22 = 7.972m^3

Ⅱ.空心板及少筋微弯板

单位:10m³实体及1t钢筋

顺序号	项目	单位	代号	空心板		少筋微弯板	
				混凝土	钢筋	混凝土	钢筋
				$10m^3$	1t	$10m^3$	1t
				4	5	6	7
1	人工	工日	1	32.6	7.1	36.5	7.4
2	C30 水泥混凝土地	m^3	20	(10.22)	—	(10.10)	—
3	M10 水泥砂浆	m^3	67	(0.38)	—	(0.86)	—
4	原木	m^3	101	0.028	—	—	—
5	锯材	m^3	102	0.037	—	—	—
6	光圆钢筋	t	111	—	0.210	0.002	1.025
7	带肋钢筋	t	112	—	0.815	—	—
8	型钢	t	182	0.011	—	—	—
9	钢板	t	183	0.015	—	—	—
10	电焊条	kg	231	—	2.7	—	—
11	钢模板	t	271	—	—	0.020	—
12	组合钢模板	t	272	0.019	—	—	—
13	铁件	kg	651	10.2	—	—	—
14	铁钉	kg	653	0.4	—	—	—
15	20~22 号铁丝	kg	656	—	3.6	—	5.2
16	32.5 级水泥	t	832	4.271	—	4.081	—
17	水	m^3	866	16	—	17	—
18	中(粗)砂	m^3	899	5.46	—	5.55	—
19	碎石(2cm)	m^3	951	8.1	—	—	—
20	碎石(4cm)	m^3	952	—	—	8.38	—
21	其他材料费	元	996	68.6	—	58.1	—
22	32kV·A 以内交流电弧焊机	台班	1726	—	0.47	—	—
23	小型机具使用费	元	1998	8.8	20.0	7.5	14.0
24	基价	元	1999	4174	3919	4096	3794

这是定额里的水泥混凝土消耗量，不管取何种配合比，此量是一定的

定额里的水泥混凝土为C30，而实际要求为C40，所以需要抽换

定额里的水泥混凝土为碎石为2cm，所以在后面的抽换也必须选用2cm碎石

图 3-5　空心板定额

注意在配合比中的定额单位

单位:1m³ 混凝土

顺序号	项目	单位	普通混凝土														
			碎(砾)石最大粒径(mm)														
			20														
			混凝土强度等级														
			C10	C15	C20	C25	C30		C35		C40			C45		C50	
			水泥强度等级														
			32.5	32.5	32.5	32.5	32.5	42.5	32.5	42.5	32.5	42.5	52.5	42.5	52.5	42.5	52.5
			1	2	3	4	5	6	7	8	9	10	11	12	13	14	15
1	水泥	kg	238	286	315	368	406	388	450	405	488	443	399	482	439	524	479
2	中(粗)砂	m³	0.51	0.51	0.49	0.48	0.46	0.48	0.45	0.47	0.43	0.45	0.47	0.45	0.45	0.44	0.42
3	碎(砾)石	m³	0.85	0.82	0.82	0.8	0.79	0.79	0.78	0.79	0.78	0.79	0.79	0.77	0.79	0.75	0.79
4	片石	m³	—	—	—	—	—	—	—	—	—	—	—	—	—	—	—

注意C30和C40水泥、中(粗)砂、碎石的消耗量不同

图 3-6　混凝土配合比表

所以，“钢筋混凝土空心板桥（C40 混凝土 645m^3，钢筋 39230kg）”在预制空心板桥时，套用定额 4-7-9-4 预制空心板混凝土，其 32.5 水泥、中（粗）砂和 20mm 碎石的材料消耗应为：

32.5 级水泥　　　　　　$4.987 \times 645/10 = 321.662$t

中（粗）砂　　　　　　$4.395 \times 645/10 = 283.478m^3$

20mm 碎石　　　　　　$7.972 \times 645/10 = 514.194m^3$

【例 3-8】 某二级公路工程，砌筑浆砌片石挡土墙，其中，墙身的工程量为 215.3m^3，业主为确保质量，要求砌筑砂浆强度等级 M7.5，试查定额，计算其工、料、机消耗量。

解：查《预算定额》P748 5-1-15-7“浆石片石挡土墙墙身” 定额单位：10m^3实体

人工：12.6 工日　M5 水泥砂浆：3.50m^3　M10 水泥砂浆：0.07m^3　原木：0.030m^3

锯材：0.017m^3　铁钉：0.1kg　8～12 号铁丝：2.7kg　32.5 级水泥：0.786t　水：7m^3　中（粗）砂：3.99m^3　黏土：0.18m^3　片石：11.50m^3　碎石（8cm）：0.11m^3　其他材料费：3.6 元

说明：M5 和 M10 水泥砂浆消耗量带括号，是指砌筑 10m^3实体消耗的半成品数量，定额基价中未包括其价值，它是由其下的 32.5 级水泥、中（粗）砂和水拌和而得的。M5 水泥砂浆用于砌筑，M10 水泥砂浆用于勾缝和墙身顶面调平。

业主要求砌筑砂浆强度等级 M7.5，故需要对定额进行抽换。查《预算定额》P1009《砂浆配合比表》得：

1m^3M7.5 砂浆：32.5 级水泥：266kg　中（粗）砂：1.09m^3

1m^3M10 砂浆：32.5 级水泥：311kg　中（粗）砂：1.07m^3

《预算定额》5-1-15-7 中，砌筑 10 m^3实体挡土墙墙身消耗 M5 水泥砂浆为：3.50m^3，换成 M7.5 后消耗的砂浆数量不变，也是 3.50m^3，所以有：

M7.5 砂浆

32.5 级水泥　　$3.5 \times 0.266 = 0.931$t　中（粗）砂：$3.5 \times 1.09 = 3.815\ m^3$

M10 砂浆

32.5 级水泥　　$0.07 \times 0.311 = 0.022$t　中（粗）砂：$0.07 \times 1.07 = 0.075\ m^3$

即抽换后的定额 5-1-15-7（换）（定额单位：10m^3实体）为：

人工：12.6 工日　M7.5 水泥砂浆：（3.50m^3）　M10 水泥砂浆：（0.07m^3）　原木：0.030m^3　锯材：0.017m^3　铁钉：0.1kg　8～12 号铁丝：2.7kg　32.5 级水泥：$0.931 + 0.022 = 0.953$t　水：7m^3　中（粗）砂：$3.815 + 0.075 = 3.89m^3$　黏土：0.18m^3　片石：11.50m^3　碎石（8cm）：0.11m^3　其他材料费：3.6 元

215.3m^3的浆砌片石挡土墙墙身的工、料、机消耗量计算如下：

$$215.3m^3 \div 10m^3 = 21.53$$

人工：$12.6 \times 21.53 = 271.278$（工日）；原木：$0.030 \times 21.53 = 0.646m^3$；锯材：$0.017 \times 21.53 = 0.366m^3$；铁钉：$0.1 \times 21.53 = 2.153$kg；8～12 号铁丝：$2.7 \times 21.53 = 58.131$kg；32.5 级水泥：$0.953 \times 21.53 = 20.518$t；水：$7 \times 21.53 = 150.71m^3$；中（粗）砂：$3.89 \times 21.53 = 83.752m^3$；黏土：$0.18 \times 21.53 = 3.875m^3$；片石：$11.50 \times 21.53 = 247.595m^3$；碎石（8cm）：$0.11 \times 21.53 = 2.368m^3$；其他材料费：$3.6 \times 21.53 = 77.508$ 元。

3）附录二“材料的周转及摊销”的应用

《预算定额》总说明第八条指出：定额中的周转性材料、模板等的数量，已考虑了正常周转次数，计算在定额内，其中就地浇注钢筋混凝土梁用的支架及拱圈用的拱盔、支架，如确因施工安排达不到规定周转次数时，可根据具体情况进行换算，并按规定计算回收，其余工程一般不予抽换。按此规定，对于达不到周转次数的周转性材料定额，可按式(3-1)进行换算：

$$E' = EK \tag{3-1}$$

式中：E'——实际周转次数的周转性材料定额；

E——定额规定的周转性材料定额；

K——换算系数，$K = n/n'$；

n——定额规定的材料周转次数；

n'——实际的材料周转次数。

【例3-9】 跨径20m双孔石拱桥，制备1孔木拱盔（满堂式），试确定其实际周转次数为两次时的周转性材料预算定额。

解：由《预算定额》(631-4-9-2-2)可知，每$10m^2$周转性材料定额E值为：原木$0.471m^3$、锯材$1.625m^3$、铁件41.8kg、铁钉1.1kg。

由预算定额附录三"材料周转及摊销"P1024"现浇混凝土的模板及支架、拱盔、隧道支撑"的周转及摊销次数表第4栏查得，拱盔的周转次数n为：木料5次、铁件5次、铁钉4次。

按式(3-1)$E' = En/n'$计算周转性材料实际周转次数的定额E'值：

原木 $0.471 \times 5/2 = 1.178m^3$

锯材 $1.625 \times 5/2 = 4.063m^3$

铁件 $41.8 \times 5/2 = 104.5kg$

铁钉 $1.1 \times 4/2 = 2.2kg$

【例3-10】 预制场要预制139块$1.00m \times 1.00m \times 0.30m$的涵洞盖板，试根据《预算定额》中的附录三"材料周转及摊销"计算，预制场应进场组合钢模板至少多少吨？

解：查《预算定额》P1024附录三有如下规定："材料的周转及摊销"均按下式计算：

$$定额用量 = \frac{图纸一次使用量 \times (1 + 场内运输及操作损耗)}{周转次数(或摊销次数)}$$

查《预算定额》P1026《组合钢模板周转次数》得，组合钢模板预制时，周转次数为60次，材料损耗为0。

查《预算定额》P526，4-7-9-1预制矩形板、空心板、少筋微弯板跨径4m以内得：

定额单位：$10m^3$实体及1t钢筋

组合钢模板：0.015t

工程量 $139 \times 1.00m \times 1.00m \times 0.30m = 41.7m^3$

$41.7m^3 \div 10\ m^3 = 4.17$

组合钢模板 $0.015 \times 4.17 = 0.0626t$

由上式可得

$$0.0626 = \frac{图纸一次使用量 \times (1 + 0)}{60}$$

$$图纸一次使用量 = \frac{0.0626 \times 60}{1} = 3.756t$$

即预制场应进场至少3.756t的组合钢模板。

4）主定额和辅助定额的联合应用

在定额应用中，实际工程的运距、厚度、材料配比等数值与定额中的值不一定一致，就要在套用主定额的同时还要套用辅助定额。

【例3-11】 某二级路改建工程，路线全长10km，路面底基层为宽12m、厚18cm的水泥石灰土砂(5∶3∶28∶64)，采用拖拉机带铧犁拌和，试进行定额套用并进行工料机分析计算。

解：按《预算定额》P104，2-1-6-11拖拉机带铧犁拌和的工程细目是：水泥∶石灰∶土∶砂6∶4∶26∶64厚15cm，而实际的配合比是5∶3∶28∶64，厚度18cm，套用定额时对于材料消耗按照《预算定额》第二章第一节的说明2进行换算。

套用定额：①主定额：2-1-6-11拖拉机带铧犁拌和水泥石灰土砂(6∶4∶26∶64)厚15cm。

②辅助定额：2-1-6-12拖拉机带铧犁拌和水泥石灰土砂6∶4∶26∶64每增减1cm。

即18cm厚时定额为：[2-1-6-11+12×3]，再将材料配合比改为5∶3∶28∶64进行计算，定额工料机消耗计算如下（定额单位为$1000m^2$）：

人工　20.8+1.1×3=24.1工日

材料32.5级水泥　(16.515+1.101×3)×5÷6=16.515t

生石灰　(11.332+0.756×3)×3÷4=10.2t

土　(62.72+4.18×3)×28÷26=$81.049m^3$

砂　124.34+8.29×3=$149.21m^3$

机械设备摊销费1.6+0.1×3=1.9元

120kW以内自行式平地机：0.51台班

75kW以内履带式拖拉机：0.21台班

6～8t光轮压路机：0.27台班

12～15t光轮压路机：1.27台班

6000L以内洒水汽车　0.9+0.04×3=1.02台班

本工程的工料机消耗如下：

工程量　12m×10000m=$120000m^2$

人工　24.1×120000/1000=2892工日

材料32.5级水泥　16.515×120000/1000=1981.8t

生石灰　10.2×120000/1000=1224t

土　81.049×120000/1000=$9725.908m^3$

砂　149.21×120000/1000=$17905.2m^3$

机械设备摊销费　1.9×120000/1000=228元

120kW以内自行式平地机　0.51×120000/1000=61.2台班

75kW以内履带式拖拉机　0.21×120000/1000=25.2台班

6～8t光轮压路机　0.27×120000/1000=32.4台班

12～15t光轮压路机　1.27×120000/1000=152.4台班

6000L以内洒水汽车　1.02×120000/1000=122.4台班

5)机械台班费用定额的应用

公路工程台班费用定额由以下7项组成：

(1)折旧费。折旧费指机械设备在规定的使用期限内陆续收回其原值的费用。

(2)大修理费。大修理费指机械设备按规定的大修间隔台班必须进行大修理，以恢复其正常功能所需的费用。

(3)经常修理费。经常修理费指机械设备除大修理以外的各级保养（包括一、二、三级保养)及为排除临时故障所需的费用;为保障机械正常运转所需替换设备、随机使用工具、附具摊销和维护的费用;机械运转与日常保养所需的润滑油脂、擦拭材料(布及棉纱等)费用和机械在规定年工作台班以外的维护、保养费用等。

(4)安装拆卸及辅助设施费。安装拆卸及辅助设施费指机械在施工现场进行安装、拆卸所需的人工费、材料费、机械费、试运转费以及安装所需的辅助设施费。辅助设施费包括安置机械的基础、底座及固定锚桩等项费用。打桩、钻孔机械在施工过程中的过墩、移位等所发生的安装及拆卸费包括在工程项目费之内,稳定土厂拌设备、沥青乳化设备、黑色粒料拌和机、沥青混合料拌和设备、混凝土搅拌站(楼)、塔式起重机的安装、拆卸以及拌和设备、混凝土搅拌站(楼)、大型发电机的混凝土基础、沉淀池、散热池等辅助设施和机械操作所需的轨道、工作台的设置费用,不在此项费用内,在工程项目中另行计算。

(5)人工费。人工费指随机操作人员的工作日工资(包括基本工资、工资性津贴、地区生活补贴、辅助工资、工资附加费、流动施工津贴和劳动保护费)。

(6)动力燃料费。动力燃料费指机械在运转施工作业中所耗用的电力、固体燃料(煤、木柴)、液体燃料(汽油、柴油、重油)和水等。

(7)养路费及车船使用税。养路费及车船使用税指机械按国家规定应缴纳的养路费和车船使用税等。

本定额中第1~第4项费用为不变费用,编制机械台班单价时,除青海、新疆、西藏边远地区外,应直接采用;第5~第7项费用为可变费用,编制机械台班单价时,随机操作人员数及动力物资消耗量应以本定额中的数值为准。工资标准按现行的《公路基本建设工程概算、预算编制办法》的规定执行。工程船舶和潜水设备的工日单价,按当地有关部门规定计算。动力燃料费按当地的动力物资的工地预算价格计算。养路费及车船使用税,如需缴纳时,应根据各省、自治区、直辖市及国务院有关部门的规定标准,按机械的年工作台班计入台班费中。

定额中的基价是不变费用和可变费用的合计值,仅供参考比较之用,不作为编制公路工程概预算的依据。

【例3-12】 试确定165kW以内稳定土拌和机的台班费用定额值和台班单价。已知当地规定人工单价为50.00元/工日,柴油单价为5.50元/kg。

解: 165kW以内稳定土拌和机的代号为1154,在代号1154子目查得定额值并计算台班单价。

不变费用:688.43元

可变费用:人工2工日,柴油103.72kg,则:

人工　　　$2\times50.00=100.00$ 元

柴油　　　$103.72\times5.50=570.46$ 元

台班单价　　$688.43+(100.00+570.46)=1358.89$ 元/台班

基 价:1295.06元/台班

某二级路工程,修筑3道单孔跨径1.5m盖板涵,其中,涵洞基础土方(普通土)1600m^3,采用单斗2.0m^3挖掘机挖,15t自卸汽车运土,运距700m;M5水泥砂浆浆砌片石基础1000m^3,M10水泥砂浆浆砌片石墙身。试进行定额套用,确定工、料、机消耗量。

定额应用实训

工程实例: 位于河南省郑州市的某公路改建工程,其设计标准为平原微丘区二级公路,

K0 +000 ~ K10 +000 段，路线全长 10km，路基宽度 12m，路面宽度 9m，土路肩宽 1.5m。主要工程量为：

全线共有小桥 5 座，总长 65.80m，均采用钻孔灌注桩基础（黏土，桩径 1.2m，桩长 25m，C25 水下混凝土 850m^3，钢筋 49863kg），钢筋混凝土盖梁（C30 混凝土 234m^3，钢筋 19716kg），钢筋混凝土空心板桥（C40 混凝土 645 m^3，钢筋 39230kg）。

钢筋混凝土盖板涵 10 道。盖板 C30 混凝土 145m^3，钢筋 17202kg；涵台 C20 混凝土 812m^3，钢筋 6524kg；M10 浆砌片石翼墙 135m^3；干处基坑土方 978 m^3。

路基土石方总量 381320m^3，其中：

石方 110780m^3（软石），挖方 67805m^3，填方 42975m^3，其中本桩利用 30456m^3，纵向利用 12519m^3，调运平均运距 300m；弃方 24830 m^3，弃方运距为 2km。

土方 276140 m^3（普通土），其中挖方 136670 m^3，填方 139470 m^3，本桩利用 63458 m^3，纵向利用 73212 m^3，调运运距为 200m；借方 2800 m^3，借方运距 3.5km。

路面面层上层为 3cm 厚细粒式沥青混凝土，下层为 4cm 厚粗粒式沥青混凝土，基层采用厚 15cm 的 5% 水泥稳定碎石，底基层采用 18cm 厚水泥石灰土砂（5∶3∶28∶64），施工时需铺透层和黏层沥青。面层宽度 9m，基层宽度 9.6m，底基层 10.2m。

工程所用水泥混凝土、水下混凝土、水泥稳定碎石采用 40m^3/h 拌和楼拌和，沥青混凝土采用 120t/h 拌和楼拌和。料场、预制场、拌和楼位于路线中心处（K5 +000）。

复习思考题

1. 请列出在三阶段设计中不同的设计阶段所对应套用的三个定额。

2. 请问在圆管涵洞施工中，对于防水的"三油二毡"的施工，可在《预算定额》的哪一页什么子目、细目里查得到？

3. 施工定额的性质是什么？预算定额的作用是什么？

4. 标底是业主、设计方、承包人这三方的哪一方用什么定额编制的？投标报价呢？

5. 某路基石方（软石）1000m^3，采用机械开炸石方，2m^3 挖掘机，135kW 履带式推土机，10t 自卸汽车运石方，运距 3.3km，试进行工料机分析计算。

6. 某新建二级公路工程 No.2 合同段，起讫点为 K12 +000 ~ K27 +000，长 15km，路面宽度为 7.5m，0.75m ×2 硬路肩，0.75m ×2 土路肩，其基层为水泥稳定碎石层，厚 220mm，为保证质量，水泥稳定碎石采用生产能力为 300t/h 拌和楼拌和，15t 自卸汽车运料，摊铺机铺筑，拌和楼设在料场内，料场位于 K17 +000 处。请查阅路基路面设计规范，确定基层宽度，然后对 220mm 水泥稳定碎石基层进行套用定额，分析并计算工料机。

单元四　公路工程施工组织

应知点

1. 施工生产过程的定义、内容、类型；
2. 施工过程组织的基本原则；
3. 施工过程时间组织的任务、类型、方法；
4. 施工组织基本作业方法的定义、特性及应用；
5. 流水作业参数的确定，流水作业的分类、绘图形式及要点；
6. 工程项目合理施工顺序的确定；
7. 网络计划的定义、分类；
8. 双代号网络图的组成要素、绘制规则。

技能点

1. 划分施工生产过程和生产类型；
2. 流水作业法的组织及灵活应用；
3. 流水作业作图；
4. 合理施工顺序的确定；
5. 双代号网络图的绘制。

课题一　施工过程组织概述

施工生产组织是研究如何在施工生产过程中，以经济有效的方式来生产产品，也就是要实现施工工期短、占用资金少、劳动生产效益高，以及产品质量好、产量高、成本低等目标。因此，施工生产过程组织是公路工程施工组织设计和施工管理的重要内容。施工过程组织的目的，是使工程建设在一定的时间和空间内，实现有组织、有计划、有次序的施工，以达到施工最优化。

一、施工生产过程

什么是施工生产过程？施工生产过程可划分为哪些？

研究施工生产过程有何目的？

施工生产过程，就是生产产品的过程，是劳动者利用劳动工具，作用于劳动对象，使其按预定目的形成社会所需产品的过程。

施工生产过程是由一系列相联系的施工生产活动所组成。为了更有效地组织施工生产，必须首先研究施工生产过程的内容。

施工生产过程的基本内容主要是劳动过程，在某些情况下，还包含自然过程，即生产过程的进行还需要借助于自然的作用，如水泥混凝土硬化过程中的养生等。此时，施工生产过程就是劳动过程和自然过程的结合，是互相联系的劳动过程和自然过程的全部施工生产活动的总和。

根据各种劳动在性质上以及对产品所起作用上的不同特点，可将施工生产过程划分为：

(1)施工生产准备过程。施工生产准备过程是指产品在投入生产前所进行的全部生产技术准备工作，如编制项目建议书、可行性研究、勘测设计、招标投标组织、施工准备等。

(2)基本施工生产过程。基本施工生产过程是指直接为完成产品而进行的施工生产活动，如砌筑基础、铺筑路面、建造桥梁、修建隧道等。

(3)辅助施工生产过程。辅助施工生产过程是指为保证基本施工生产过程的正常进行所必须的各种辅助施工生产活动，如机械设备维修、材料的采集和加工等。

(4)服务施工生产过程。服务施工生产过程是指为基本施工生产过程和辅助施工生产过程服务的各种服务工作，如原材料、半成品供应与运输等。

在这四个过程中，基本施工过程是形成产品的主要过程。其按生产工艺的特点和施工组织的要求，可依次分解或划分为：

1)动作与操作

动作是指工人在劳动时一次完成的最基本的活动。完成一个动作所消耗的时间和所用的空间是制定定额的最重要的基础资料。

操作是指工人为完成产品的组成部分所进行的生产活动，是若干个相互关联动作的组成。

2)工序

工序是指一个工人或一组工人，在一个工作地上，对同一种劳动对象连续进行的施工生产活动。工作地是工人进行生产活动的场所，也叫现场。当一件或一批相同的构件(零件)，顺序地经过许多工作地，在每一个工作地内进行的生产活动，就叫一道工序。当劳动对象固定不动(如砌桥台等)，而由不同的工人(或小组)顺序地对它进行组织上不可分开和施工技术上相同的施工生产活动时，这种生产活动也叫一道工序。工序是由若干个操作组成，如“预制钢筋混凝土构件”就有以下几道工序：安装模板、安放钢筋、制备混合料、浇注混凝土、拆除模板、养生。其中“浇注混凝土”这道工序是由摊铺混合料、振捣、抹光、成型等操作组成；“安装模板”这道工序是由运送模板、放模板于工作台上、拼装模板等操作组成。

3)操作过程

操作过程是指可以相对独立地完成某一种细部工程。如上述“预制钢筋混凝土构件”这一操作过程由安装模板直至养生共六道工序组成。基本生产过程可由若干操作过程组成。例如，路基施工可包括推土机推土、铲运机铲运土方、机械压实土方、整修路基等操作过程。

4)综合过程

综合过程是若干个在产品结构上密切联系，能获得一种产品的施工过程的总和。

研究施工生产过程的目的在于：正确划分工序，以便合理地组织生产，正确地编制施工生产作业计划以及科学地制定定额。

二、施工生产类型

为什么要研究生产类型？生产类型可分为哪几种？

研究生产类型的目的在于对不同生产类型的生产过程，采用相应的、有效的施工组织和管理方法。为了使生产过程的管理具有针对性和科学性，

根据公路工程施工生产过程自身的特点,将生产类型划分为如下几种:

1. 按产品特点和工艺特点分

(1)固定性产品生产(建筑施工性生产)。即各种工程构造物的施工和组织均在固定现场完成,而劳动力(人、机械)却按一定的次序相对劳动对象进行移动性施工生产活动,如路基、桥墩、桥台施工等。

(2)移动性产品生产(加工装配性生产)。即劳动对象在施工生产中,在场地之间移动加工,而劳动力则固定在某一场地进行加工装配性生产,如构件预制厂中的构件预制、拌和厂生产沥青混合料等。

2. 按产品生产的重复性分

(1)单件生产。即产品品种多,而且每一种产品仅制造一次或偶然重复制作。

(2)批量生产。即产品品种较多,产量又较大,在场地可以连续地执行几道不同工序,周期性地重复批量生产。

(3)大量生产。即产品品种少而又相对稳定,每种产品的产量大,场地专业化技术程度较高,可以连续地大量生产一种或少数几种产品。

由于公路工程施工自身的特点和各种客观条件的影响,每一个工程施工生产都有各种不同的特征。大多数公路工程施工都属于固定性产品施工生产、单件生产,或有时也可能同时出现加工装配性施工生产,如大型公路、桥梁工程中的构件预制厂、沥青混凝土搅拌加工厂等。

三、施工生产过程组织的基本原则

在施工生产过程中应遵循哪些原则?各原则之间有何关系?

由于影响施工过程组织的因素很多,从而导致施工生产过程的组织困难较大。因而,科学合理地组织施工生产过程显得更为重要。一般在符合国家现行法令、法规、政策以及满足质量和安全的前提下,施工生产过程的组织原则可归纳为:

1. 施工生产过程的连续性

连续性是指在产品施工过程的各个阶段,各个工序的进行在时间上是紧密衔接的,不发生各种不合理的停顿和中断现象。保持和提高施工生产过程的连续性,可以缩短施工周期,提高劳动生产率,降低成本。

2. 施工生产过程的协调性

协调性也称比例性,是指产品施工各阶段、各工序之间,在施工生产能力上要保持一定的比例关系,各施工生产环节的工人数、生产效率、设备数量等都必须互相协调,不发生脱节和比例失调现象。协调性是保证施工生产顺利进行的前提,使施工生产过程中人力和设备得到充分利用,避免产品在各个施工阶段和工序之间的停顿、等待,从而缩短施工周期。

3. 施工生产过程的均衡性

均衡性又称为节奏性,是指生产企业的各个施工环节都按照施工生产计划的要求,工作负荷保持相对稳定,不发生时紧时松、前松后紧等现象。均衡性能充分利用设备和工时,避免突击赶工造成的各种损失,有利于保证施工质量、降低成本,有利于劳动力和机械的调配。

4. 施工生产过程的经济性

施工生产过程除满足技术要求外,必须讲究经济效益。要用最小的劳动消耗取得较大的生产效益。施工生产过程的连续性、协调性和均衡性,最终通过经济效益体现出来。

以上四个原则是相互制约、互为条件的。在实际进行施工组织时,应保证施工生产过程的连续性、协调性、均衡性和经济性。

四、生产过程的空间组织和时间组织

进行施工生产过程时间组织有何目的?

施工生产过程时间组织有哪几种表示方法?

公路工程的施工生产过程组织,首先要解决空间组织和时间组织两个方面的问题。空间组织主要是解决具体工程项目的各种生产、生活、运输、行政等临时设施的空间分布问题,也即施工平面图设计。时间组织主要是解决生产作业单位的设置问题。本节主要介绍时间组织,关于空间组织将在单元五课题三中论述。

时间组织的目的,就是在时间上使各生产作业单位之间、各工序之间按设计和施工工艺顺序紧密衔接,在充分利用人力、工时和设备条件下,缩短生产周期。

1. 时间组织任务

(1)对于固定性产品生产,主要是解决时间组织方式问题,其中包括各工程项目(各工段)之间的施工次序的排序问题。

(2)对于移动性产品生产,一方面要解决劳动对象在工序之间的移动方式问题,另一方面要解决加工任务在关键设备上的排序问题。

2. 时间组织类型

(1)单段多工序型。它指工程项目只有一个施工段,而且在这单一的施工段中包括有若干项工序的施工生产过程。这种类型的时间组织比较简单,一般只需解决各工序生产力的配置,按工艺顺序确定施工工期。

(2)多段多工序型。它指工程项目包含或划分为若干个施工段,而每一个施工段又包括多项工序的施工生产过程。这种类型的时间组织较复杂,可以采用多种方法进行组织。

(3)混合型。它指在工程项目中有多个施工段,其中既包含有单段多工序型又包含有多段多工序型的生产过程。这种类型实质上是立体交叉作业。

3. 时间组织表示方法

为了便于指导实际工程项目施工,通常用工程施工计划进度图来表示时间组织。这种方式简洁、直观。目前,公路工程施工计划进度图主要有如下几种:

(1)横道图。也叫横线图。

(2)垂直图。也叫斜线图或坐标图。

(3)网络图(将在本单元课题三中介绍)。

课题二　施工过程时间组织的基本方法

一、基本作业方法的定义及特性

在进行施工生产时常采用的基本作业方法有哪几种?

几种基本作业方法各有何特性?工程实践中常采用哪种方法?

公路工程具有线性分布性,属于多工段多工序型时间组织类型。根据作业单位在各施工段间施工顺序的不同,可分为三种基本作业方法:顺序作业法、平行作业法、流水作业法。这三种基本作业方法可以单独运用,也可组合运用。

例如,现有3个钻孔灌注桩基础工程(假定每根桩基施工条件、技术装配、工程数量等完全相同)。要完成这批施工任务,有三种作业方法可供选择:

1. 顺序作业法

当施工任务有若干个施工段时,由同一班组按照工程的施工顺序完成一个施工段后,再去接着完成另一个施工段,依次按顺序进行,直至完成全部施工任务,这种施工组织作业方法叫顺序作业法,如图4-1所示。

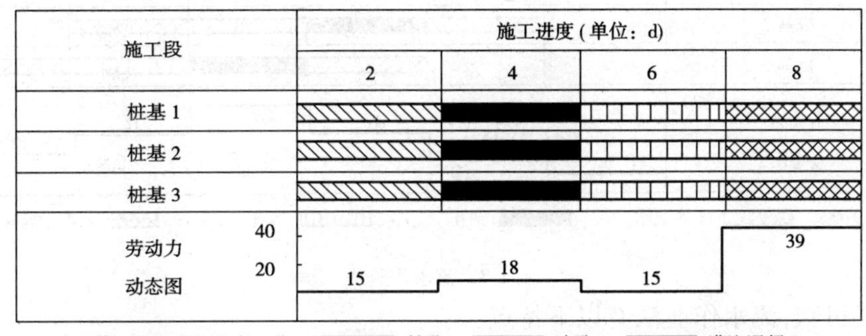

图4-1 顺序作业法

由图4-1可知,顺序作业法有以下特点:

(1)单位时间内需要投入施工现场的资源数量较少,有利于资源供应的组织工作;

(2)各作业单位是间歇作业,总工期拖得很长,材料供应也是间歇的;

(3)同一施工队的劳动资源波动大,不利于管理;

(4)施工队伍不能实行专业化施工,不利于提高工程质量和劳动生产率,机械设备不能充分利用。因此,顺序作业法只适用于对工期要求不严的小型项目。

2. 平行作业法

当任务有若干个施工段时,各个施工段同时开工、平行作业、同时完工的一种作业方法,如图4-2所示。

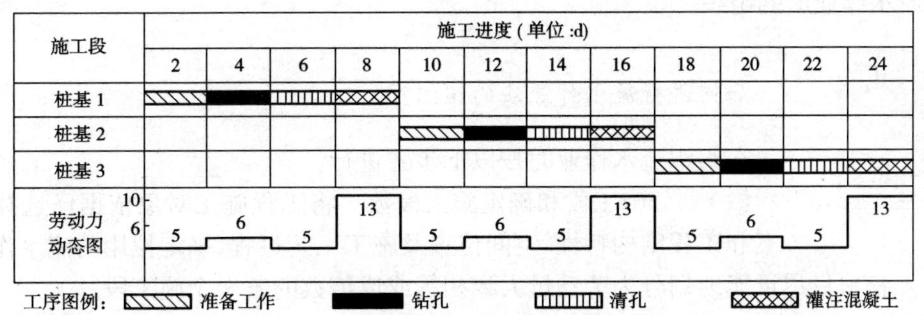

图4-2 平行作业法

由图4-2可知,平行作业法有以下特点:

(1)充分利用了工作面,完成任务的总工期短;

(2)所需作业班组数很多(是顺序作业法的3倍),材料供应特别集中,各作业单位也是间歇作业。因此,只有当施工任务紧、工期要求短、工作面允许及资源充分并能保证供应的情况下,才能使用这种作业方法。

3.流水作业法

当施工任务有若干个施工段时,将不同施工段的同一工序交给专业施工队执行,各专业队依次在各个施工段上完成相同的工作内容,前一施工段施工结束后转移至下一施工段,后一工序则由其他专业队继续执行,如图4-3所示。

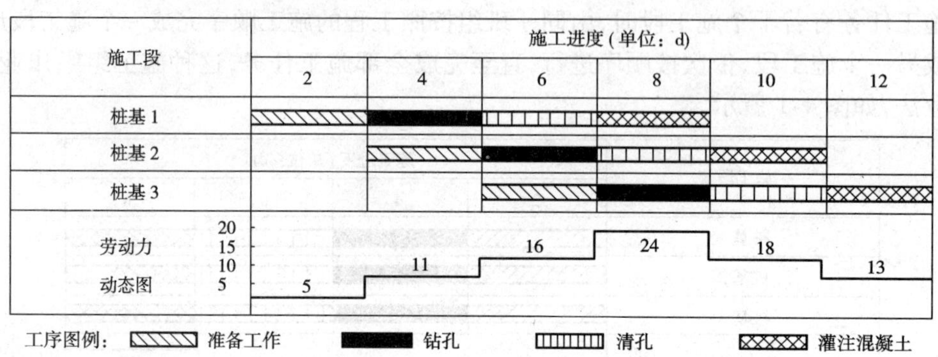

图4-3 流水作业法

由图4-3可知,流水作业法有以下特点:

(1)合理地利用施工段上的工作面,使各道工序衔接紧密,避免施工期间劳动力的过分集中,工期比较合理;

(2)劳动力需要数量和材料供应较为均衡;

(3)生产作业单位(即专业化班组)能保持连续作业,体现了生产的连续性;

(4)作业单位采用专业化施工,可保证工程质量,提高劳动生产率;

(5)为文明施工和进行现场科学管理创造条件。

流水作业是顺序作业与平行作业相结合的一种搭接施工方法。保留了顺序作业法和平行作业法施工的优越性。故公路工程施工组织应尽可能广泛采用流水作业法。

以上三种基本作业方法总工期虽然不同,但总劳动量(劳动时间与劳动人数之乘积)的数值是相等的。

二、流水作业法的组织

如何进行流水作业法的组织?

在组织流水作业时按以下步骤进行:

(1)划分施工段和确定施工段数。将工程施工对象依据已选择的施工方案和工程结构特性、空间位置及施工工艺过程,确定拟用的流水作业工程项目。将工程项目尽可能地划分为劳动量大致相等或成倍数的若干个施工段。

(2)划分工序和确定施工过程数。将工程项目按工艺要求分解出若干工序并排出其施工的先后顺序,不同的工序由不同的专业队按其先后顺序进行施工。

(3)组织施工专业队数。每个专业队(班、组)按照规定的顺序,携带必备的施工机具,连续地由一个施工段转移到另一个施工段,反复进行同类作业。

(4)确定各施工队组在各个施工段上的流水节拍、流水步距等流水作业参数。

(5)在满足工艺要求和自然需求的条件下,本施工段相邻工序之间或本工序相邻施工段之间进行的作业时间,要尽可能地相互协调,以便于流水作业具有节奏性、连续性、平衡性。

例如,有结构形式完全相同、工程量基本相等的5道涵洞工程,根据施工条件,拟按流水作业法安排施工。每道涵洞(作为一个施工段)可按工艺分解为5道工序:挖基、筑基、砌涵台、安装盖板、回填,并组织5个专业队(班、组)去完成这5道工序的施工任务。5个专业队在不同时间依次进入工地施工,并依次连续地完成各施工段上的施工任务。同一时间里,5个专业队分散在不同的施工段上进行施工。其流水作业的组织如图4-4所示。

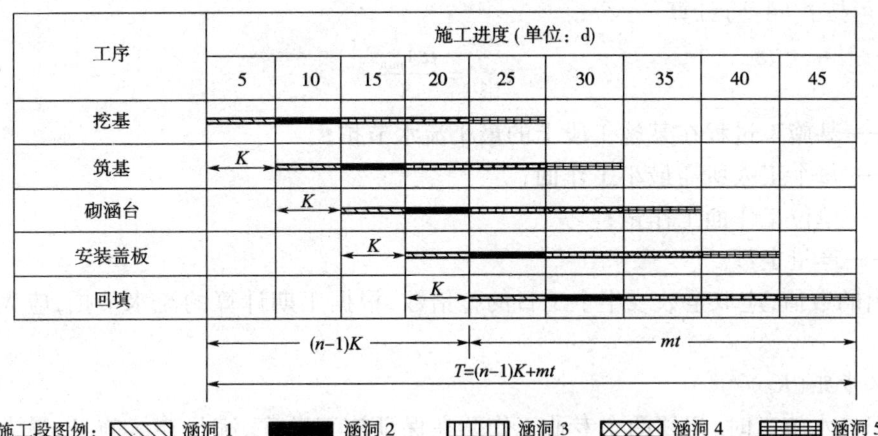

注: m-施工段数;n-工序数;t-一个工序在一个施工段上完成操作的延续时间;K-相邻两工序投入同一施工段开始工作的时间间隔;T-总工期

图4-4 5座涵洞流水作业进度图

三、流水作业法的主要参数

流水作业法的主要参数有哪些?

如何确定各参数值?

流水作业法组织施工生产过程的协调性和节奏性如何,取决于一系列参数的确定以及它们之间的相互关系,反映这些关系的参数就称为流水作业参数。

1. 流水节拍(t_i)

在组织流水施工时,每个专业工作队在各个施工段上完成相应的施工任务所需要的工作持续时间。通常用t_i表示,它是流水施工的基本参数之一。流水节拍的大小,可以反映出流水施工速度的快慢、节奏感的强弱和资源消耗量的多少。

影响流水节拍数值大小的因素主要有:项目施工时所采取的施工方案,各施工段投入的劳动力人数或施工机械台数,工作班次,以及该施工段工程量的多少。其数值的确定,可以按式(4-1)计算:

$$t_i = \frac{Q_i}{S_i \times R_i \times N_i} = \frac{P_i}{R_i \times N_i} \tag{4-1}$$

式中:t_i——某专业施工队在第i施工段的流水节拍;

Q_i——某专业施工队在第i施工段要完成的工程量;

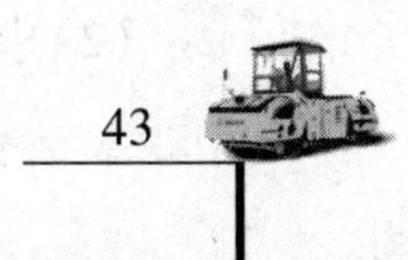

S_i——某专业施工队的计划产量定额；

R_i——某专业施工队投入的工作人数或机械台数；

N_i——某专业施工队的工作班次；

P_i——某专业施工队在第 i 施工段需要的劳动量或机械台班数量，其值为：

$$P_i = \frac{Q_i}{S_i} \tag{4-2}$$

当施工段数确定后，流水节拍大，则相应的工期就长。因此，从理论上讲，总是希望流水节拍越小越好。但实际上由于受工作面的限制，每一施工过程在各施工段上都有最小的流水节拍，其数值可按式(4-3)计算：

$$t_{\min} = \frac{\mu A_{\min}}{S} \tag{4-3}$$

式中：$t_{\min}$——某施工过程在某施工段上的最小流水节拍；

$A_{\min}$——每个工人所需最小工作面；

μ——单位工作面工作量；

S——产量定额。

计算出的数值，应取整数或半个工日的整倍数，根据工期计算的流水节拍，应大于最小流水节拍。

2. 流水步距(K_{ij})

在组织流水施工时，相邻两个专业工作队在保证施工顺序、满足连续施工、最大限度搭接和保证工程质量要求的条件下，相继进入同一施工段进行流水施工的时间间隔，即开始时间之差，称为流水步距。通常用 K_{ij} 表示，它是流水施工的基本参数之一。当施工段确定后，流水步距的大小直接影响着总工期的长短。因为流水步距决定各专业队开始施工的时间间隔，各施工专业队开始作业时间越早，工期也就越短。

确定流水步距时，应始终遵循以下原则：

(1)要满足相邻两个专业施工队在施工顺序上的相互制约关系；

(2)要保证各专业队(班、组)的连续、均衡而有节奏的工作，允许工作面有一定空闲；

(3)要做到前后两工序在施工时间上保持最大衔接，以此来确定出最小流水步距；

(4)要保证工程质量，并满足安全施工的要求。

流水步距的确定一般是在流水作业图上分析进行，有时也可以用“潘特考夫斯基法”。潘特考夫斯基法也称为“累加数列错位相减取大差法”，它能确定施工队连续作业的最小流水步距。其计算步骤如下：

(1)根据各专业工程队在各施工段上的流水节拍，求累加数列；

(2)根据施工顺序，对所求相邻的两累加数列，错位相减；

(3)根据错位相减的结果，确定相邻专业工作队之间的流水步距，取相减结果中数值最大者。

【例 4-1】 现有一钢筋混凝土结构物，分为 A、B、C、D 四个施工段，每个施工段又分为立模、扎筋、混凝土浇注三道工序，各工序工作时间见表 4-1。确定流水步距。

解：(1)按施工段和工艺顺序，将各工序在各施工段上的流水节拍填于表 4-1 中。

(2)求流水步距

①计算 K_{12}。

各施工段各工序工作时间表(单位:d)　　表 4-1

工序＼施工段	A	B	C	D
立模	2	3	3	2
扎筋	2	2	3	3
混凝土浇注	3	3	3	2

a. 将第一道工序的工作时间依次累加后得:

$$2\quad 5\quad 8\quad 10$$

b. 将第二道工序的工作时间依次累加后得:

$$2\quad 4\quad 7\quad 10$$

c. 将上面两步得到的二行错位相减,取大差得 K_{12}

$$\begin{array}{rrrrr} 2 & 5 & 8 & 10 & \\ - & 2 & 4 & 7 & 10 \\ \hline 2 & 3 & 4 & 3 & -10 \end{array} \qquad K_{12}=4$$

②同法计算 K_{23},得 $K_{23}=2$。

3. 工序数(n)

工序数也叫施工过程数,一般等于需要建立的专业队数,通常用 n 表示。

工序数的划分与工程项目的工作内容及施工组织的专业分工有关,同时,还要结合各项作业所需的作业时间及流水作业安排进行考虑。划分工序时,应注意以下问题:

(1)工序划分的粗细程度应以流水作业进度计划为依据。对于实施性的流水作业进度计划,划分应细一些,可划分到分项工程。对于控制性的进度计划,划分可粗一些,可以是单位工程,甚至是单项工程。

(2)结合所选择的施工方案划分工序。如钢筋混凝土结构的现场浇注与预制安装,沥青混凝土路面的机械摊铺施工与人工摊铺施工,两者的工序划分差异是很大的。

(3)划分工序应重点突出,抓住主要工序,不宜太细,使流水作业进度计划简明扼要。如路面工程可以划分为底基层、基层、面层。

(4)一个流水作业进度计划内的所有工序应按施工先后顺序排列,所采用的工序名称应与现行定额的项目名称一致。

4. 施工段数(m)

在组织流水作业时,通常把工程项目划分为所需劳动量大致相等的若干个施工段落,这些段落就叫做施工段,通常用 m 表示。

划分施工段,应着重考虑以下几点:

(1)各施工段劳动量要基本相等,相差幅度不要超过15%。

(2)每段要有足够的作业面,使人、机操作方便,既有利于提高工效,又保证安全施工。

(3)应考虑结构的整体性。大型人工构造物的分段界线宜选在伸缩缝、沉降缝处,一般工程应选在对结构整体影响较小的位置上分段。

(4)划分施工段的多少,应考虑机械使用的效能、工人的劳动组合、材料供应情况和施工规模大小等因素。

5. 工作面(L)

某一专业工种的工人或某种型号的机械在进行施工操作时所必须具备的活动空间称为工作面,即施工的现场。它的大小可以表明在施工对象上可能安置多少工人操作或布置多少施工机械,为流水节拍的确定提供依据。工作面的大小可以采用不同单位来计量,通常使用m/人,m^2/人、m^3/人等单位。一般,前一施工过程的结束,就为后一施工过程提供了工作面。在确定一个施工过程必要的工作面时,不仅要考虑前一施工过程为本施工过程所可能提供的工作面大小,还要为下一施工过程开创施工条件,同时还要满足安全操作规程和施工技术规范的规定要求。

四、流水作业的分类

由于工程构造的复杂程度不同,所处的具体位置不同,以及工程性质各异等因素的影响,流水作业的组织依据流水参数特性可分为有节拍流水作业和无节拍流水作业两大类。其中有节拍流水作业又分为全等节拍流水作业和分别流水作业。

1. 有节拍流水作业

1) 全等节拍流水作业

(1)定义。全等节拍流水作业也称稳定性流水作业,是指各施工过程的流水节拍与相邻工序之间的流水步距完全相等的流水作业,即 $t_i = K_{ij}$ = 常数,换句话讲,也是各专业队在所有施工段上的作业时间均相等,见表4-2 和图4-5。

全等节拍流水作业流水节拍(单位:d)　　表4-2

工序＼施工段	A	B	C	D	E
a	2	2	2	2	2
b	2	2	2	2	2
c	2	2	2	2	2
d	2	2	2	2	2

(2)全等节拍流水作业的特点。

①流水节拍彼此都相等,流水步距彼此都相等,且两者数值相等;

②按每道工序各组织一个专业施工队,即施工队的数目与工序数相同;

③每个施工专业队都能连续作业,实现了连续、均衡、紧凑施工。

2)分别流水作业

(1)定义。分别流水作业是指各工序的流水节拍各自保持不变,但不同工序的流水节拍不完全相同,且不存在最大公约数,流水步距也是一个变数的流水作业,见表4-3 和图4-6。

分别流水作业流水节拍(单位:d)　　表4-3

工序＼施工段	A	B	C	D
a	2	2	2	2
b	4	4	4	4
c	3	3	3	3
d	3	3	3	3

工序	进度（单位：d）															
	1	2	3	4	5	6	7	8	9	10	11	12	13	14	15	16
a																
b																
c																
d																
总工期	$t'=(n-1)K$						$t=mt_i$									
	$T=(n-1)K+mt_i$															

a）

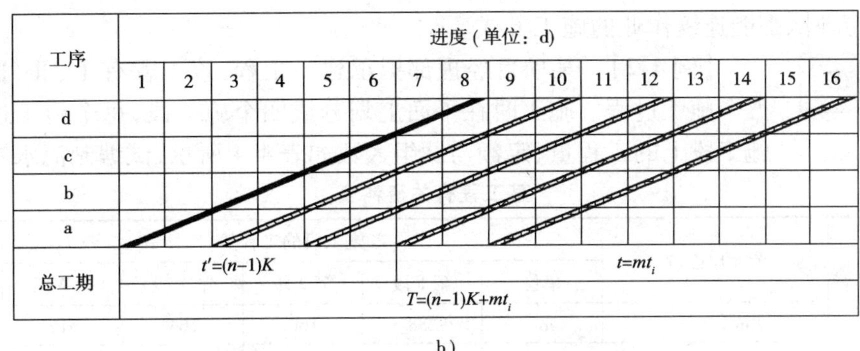

b）

施工段图例 A B C D E

注：t'-首末两工序投入工作的时间间隔；t-末工序在各施工段上工作的延续时间；T-总工期

图4-5　全等节拍流水作业进度图

a）横道图；b）斜线图

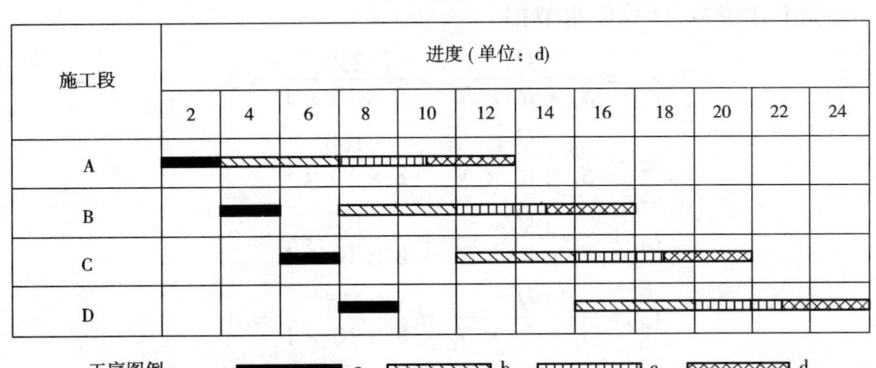

图4-6　分别流水作业进度图

（2）分别流水施工组织。

组织分别流水作业时，首先应保证各过程本身均衡而不间断地进行，然后将各工序彼此衔接协调。也就是说，既要避免各工序之间发生矛盾，也要尽可能减少作业面的空闲时间，使整个施工安排保持最大程度地紧凑，以达到缩短工期的目的。

由于流水步距是一个变量，其作图既不能按全等节拍流水作业，也不能按成倍节拍流水作业的方法进行。

2. 无节拍流水作业

（1）定义。同类工序的流水节拍在各施工段上不完全相同，不同类工序的流水节拍也不完全相同的流水作业。对于公路工程施工来说,沿线工程量都是不均匀的,而大、中型桥梁或路基土石方的高填深挖,又为集中型工程。因此,在实际工作中,各专业施工队在机具和劳动力固定的条件下,流水作业速度不可能保持一致,即各施工段上同一工序的流水节拍无法相等。

(2)无节拍流水作业组织。

①统一控制整个工程的总平均速度,再按分别流水的原则处理各工序的衔接关系。

②无节拍流水作业的各个参数以及总工期的确定,都必须对专业施工队逐个落实,反复调整,才能得到满意的结果。

③利用流水施工的基本概念,在保证施工工艺、满足施工顺序要求的前提下,按照一定的计算方法确定相邻施工队伍之间的流水步距,使其在开工时间上最大限度地、合理地搭接起来,形成各专业队都能连续作业的施工方式。

【例4-2】 某项目经理部拟承建一工程,该工程有Ⅰ、Ⅱ、Ⅲ、Ⅳ、Ⅴ等五个施工过程。施工时在平面上划分成四个施工段,每个施工过程在各个施工段上的工程量、定额与队组人数如表4-4所示,试编制流水施工方案。

某工程有关资料表 表4-4

施工过程	劳动定额	各施工段的工程量					专业队人数
		单位	第1段	第2段	第3段	第4段	
Ⅰ	$8m^2$/工日	m^2	238	160	164	315	10
Ⅱ	$1.5m^3$/工日	m^3	23	68	118	66	15
Ⅲ	0.4t/工日	t	6.5	3.3	9.5	16.1	8
Ⅳ	$1.3m^3$/工日	m^3	51	27	40	38	10
Ⅴ	$5m^3$/工日	m^3	148	203	97	53	10

解:(1)根据上述资料,计算流水节拍。

$$t_{i1}=\frac{Q_i}{S_i\times R_i\times N_i}=\frac{238}{8\times 10\times 1}=3$$

$$t_{i2}=\frac{Q_i}{S_i\times R_i\times N_i}=\frac{160}{8\times 10\times 1}=2$$

$$t_{i3}=\frac{Q_i}{S_i\times R_i\times N_i}=\frac{164}{8\times 10\times 1}=2$$

$$t_{i4}=\frac{Q_i}{S_i\times R_i\times N_i}=\frac{315}{8\times 10\times 1}=4$$

同理可求出所有的流水节拍并整理成表4-5。

流水节拍汇总 表4-5

流水节拍 工序 \ 施工段	1	2	3	4
Ⅰ	3	2	2	4
Ⅱ	1	3	5	4
Ⅲ	2	1	3	5
Ⅳ	4	2	3	3
Ⅴ	3	4	2	1

(2)求流水节拍的累加数列。

Ⅰ:3,5,7,11

Ⅱ:1,4,9,12

Ⅲ:2,3,6,11

Ⅳ:4,6,9,12

Ⅴ:3,7,9,10

(3)确定流水步距。

$$\begin{array}{rrrrrr} & 3 & 5 & 7 & 11 & \\ - & & 1 & 4 & 9 & 12 \\ \hline & 3 & 4 & 3 & 2 & -12 \end{array} \qquad K_{Ⅰ\text{-}Ⅱ}=4$$

$$\begin{array}{rrrrrr} & 1 & 4 & 9 & 12 & \\ - & & 2 & 3 & 6 & 11 \\ \hline & 1 & 2 & 6 & 6 & -11 \end{array} \qquad K_{Ⅱ\text{-}Ⅲ}=6$$

$$\begin{array}{rrrrrr} & 2 & 3 & 6 & 11 & \\ - & & 4 & 6 & 9 & 12 \\ \hline & 2 & -1 & 0 & 2 & -12 \end{array} \qquad K_{Ⅲ\text{-}Ⅳ}=2$$

$$\begin{array}{rrrrrr} & 4 & 6 & 9 & 12 & \\ - & & 3 & 7 & 9 & 10 \\ \hline & 4 & 3 & 2 & 3 & -10 \end{array} \qquad K_{Ⅳ\text{-}Ⅴ}=4$$

(4)确定总工期

$$T=t_0+t_e=4+6+2+4+(3+4+2+1)=26\text{ 天}$$

式中:t_0——流水开展期,是首工段各工序与末工段首工序开始时间的间隔;

t_e——末工段各工序的作业持续时间。

(5)绘制流水施工进度图,如图4-7所示。

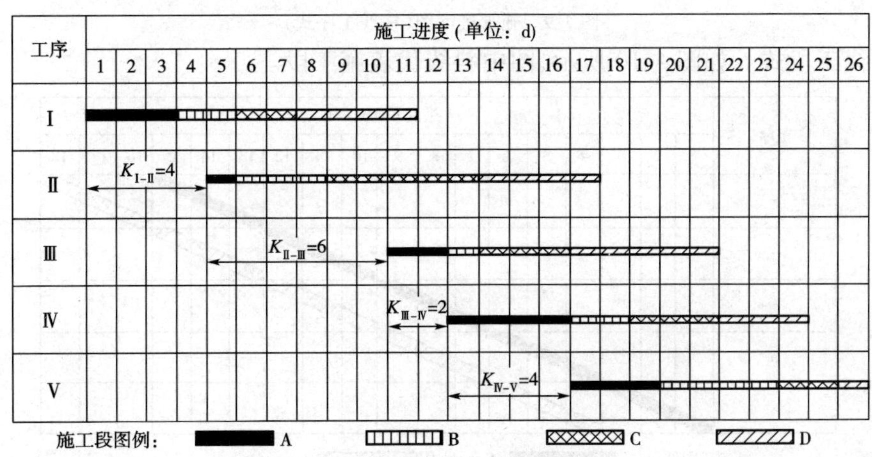

图4-7 流水施工进度图

五、流水作业作图

怎样绘制流水作业图？

1. 流水作业图的形式

(1)横线工段式。如图 4-8 所示，图中横线代表施工段。

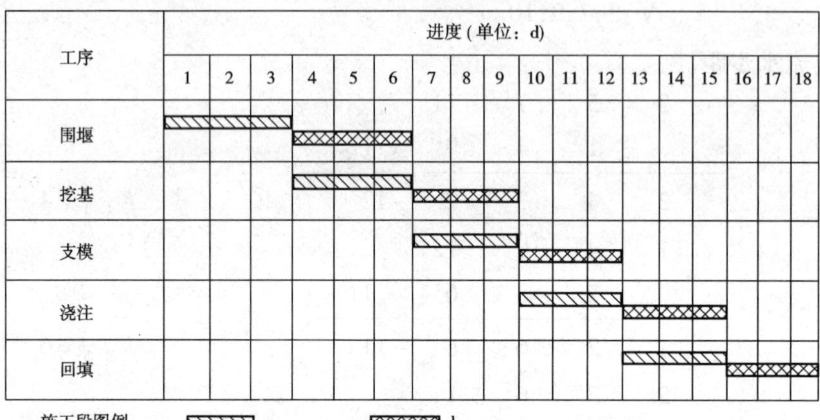

图 4-8　施工进度图(横线工段式)

(2)横线工序式。如图 4-9 所示，图中横线代表工序。

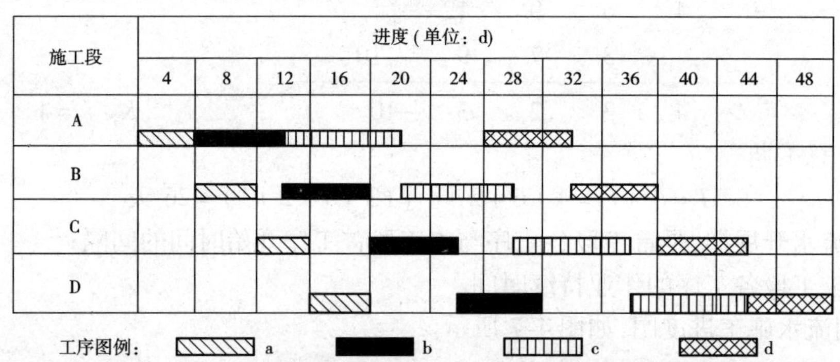

图 4-9　施工进度图(横线工序式)

(3)斜线工段式。如图 4-10 所示，图中斜线代表施工段。

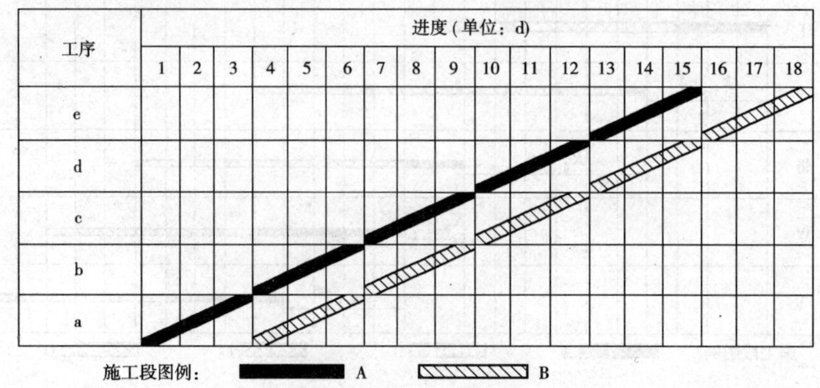

图 4-10　施工进度图(斜线工段式)

(4)斜线工序式。如图4-11所示,图中斜线代表工序。

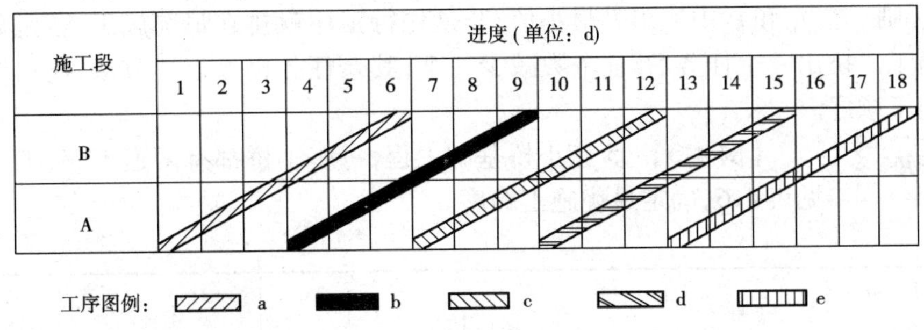

图4-11 施工进度图(斜线工序式)

(5)网络图式。其表达方式详见本单元课题三。

2.流水作业图的绘制

流水作业法的施工组织意图和内容,必须通过流水作业施工进度图的形式表达出来。作图的过程是施工组织的设计过程,要综合考虑各种问题并分析处理,才能作出理想施工组织和流水作业图。现将有关作图的要点介绍如下:

1)开工要素

任何一道工序开工时,必须具备工作面和生产力(人工、机械、材料等资源)两个开工要素。

2)工序衔接

(1)相邻工序之间及工序本身,应尽可能衔接紧密,以取得最短的施工总工期;

(2)工序衔接必须满足工艺要求和自然过程的需要;

(3)尽量求得同工序在不同施工段上能连续作业,并尽量求得相邻不同工序在同一施工段上能连续作业。

3)工序紧凑

为了使流水作业图取得最短总工期,在作图时,各相邻工序之间,尽量体现紧凑的原则。所谓紧凑原则,就是在保证具备开工要素、符合工序衔接原则的条件下,尽量使所排工序向作业开始方向(一般向图的左边)靠拢。

4)确定合理的流水参数

为了使总工期尽可能短且各施工队能在各个施工段间进行连续作业,必须确定各相邻专业队间合理的流水步距。流水步距可以采用"累加数列错位相减取大差法"来确定。

六、流水作业合理施工次序的确定

为什么要确定施工顺序?

怎样确定合理的施工顺序?

公路工程各部分构造、工程内容、工程数量及施工条件等存在较大的差异,导致相同工序在各施工段上的流水节拍不相等,各道工序之间的流水节拍也不一定成比例关系,在这种情况下,为了求得最短总工期,首先必须对施工段的施工次序进行排序,然后用"累加数列错位相减取大差法"来确定流水步距,进而确定总工期。

1.两道工序,多项任务(即多个施工段)施工顺序的确定

假定工程只有两道工序,首先进行a工序,完成后再做b工序,设t_{ia}是第i个施工段中完

成 a 工序的流水节拍，t_{ib}是第 i 个施工段中完成 b 工序的流水节拍，为取得最短工期，采用约翰逊-贝尔曼法则。在 t_{ia}和 t_{ib}中挑出其最小值，若是先行工序就排在最前施工，若是后续工序就排在最后施工。挑出一个任务后，任务数减少一个，其余任务仍按上述方法进行排列，最后可得到最优施工顺序。

练一练

【例 4-3】 5 座小桥基础工程，每座小桥都有两道工序，工序工作时间见表 4-6，确定最优施工顺序。

表 4-6

工序 \ 任务	1号	2号	3号	4号	5号
挖基	4	4	8	6	2
砌基	5	1	4	8	3

解：(1) 表中 2 号任务 $t_{2B}=1$ 为最小，是后续工序，2 号任务放在最后施工。

(2) 剩余任务中 5 号任务 $t_{5A}=2$ 为最小，是先行工序，5 号任务放在最前施工 。

(3) 除去 2 号、5 号任务后，1 号任务 $t_{1A}=4$ 为最小，是先行工序，1 号任务放在第二施工 。

(4) 其余任务中 3 号任务 $t_{3B}=4$ 为最小，是后续工序，3 号任务放在第四施工 。

(5) 4 号任务放在第三施工。

因此，五座小桥的施工顺序为：5号—1号—4号—3号—2号。其流水作业组织如图 4-12 所示。

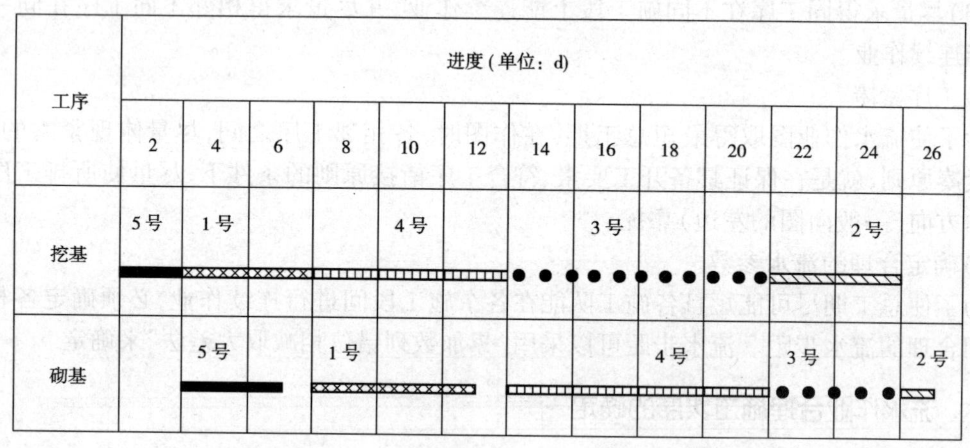

图 4-12 按 5 号—1号—4号—3号—2号顺序绘制施工进度图

2. 三道工序，多项任务的施工顺序的确定

对于这类问题，如果符合下列两种条件中的一种，就可采用约翰逊—贝尔曼法则。

(1) 第一道工序最小的施工周期 $\min(t_{ia})$ 大于或等于第二道工序的最大施工周期 $\max(t_{ib})$ 即 $\min(t_{ia})\geqslant\max(t_{ib})$。

(2) 第三道工序最小的施工周期 $\min(t_{ic})$ 大于或等于第二道工序的最大施工周期 $\max(t_{ib})$ 即 $\min(t_{ic})\geqslant\max(t_{ib})$。

符合上述条件之一的工程项目，可按下面的方法计算，得出最优施工。

【例 4-4】 现有一工程项目,包括 5 个施工任务,每个任务有 3 道工序,每道工序的工作时间如表 4-7 所示,确定项目的最优施工顺序及总工期。

各工序工作时间表(单位:d) 表 4-7

工序 \ 任务	1号	2号	3号	4号	5号
A	4	2	8	10	5
B	5	2	3	3	4
C	5	6	9	9	7
A + B	9	4	11	13	9
B + C	10	8	12	12	11

解:(1)首先验证是否符合条件(1)或条件(2)。

本例符合条件(2),$\min(t_{ic}) = 5$;$\max(t_{ib}) = 5$

(2)工序合并。

①将第一道工序和第二道工序上各项任务的施工周期依次加在一起。

②将第三道工序和第二道工序上各项任务的施工周期依次加在一起。

③将第①、第②步得到的周期序列看作两道工序的施工周期。

④按两道工序多项任务的计算方法求出最优施工顺序。

(3)运用约翰逊-贝尔曼法则,进行最优排序。

最优施工顺序为:2号—5号—1号—3号—4号

(4)绘制施工进度图,确定总工期(图 4-13)。

工序	进度(单位:d)
	2 4 6 8 10 12 14 16 18 20 22 24 26 28 30 32 34 36 38 40 42
A	2号 5号 1号 3号 4号
B	2号 5号 1号 3号 4号
C	2号 5号 1号 3号 4号

图 4-13 按 2号—5号—1号—3号—4号顺序绘制施工进度图

课题三 网 络 计 划

什么是网络计划? 它有什么特点?

建立在网络基础上的网络计划技术,是在 20 世纪 50 年代,为了适应生产发展和科学研究工作的需要而产生并逐渐发展起来的。20 世纪 60 年代以后，网络计划技术开始在我国应用推广。这种方法逻辑严密、主要矛盾突出，有利于计划的优化调整和运用计算机技术，因此在工业、农业、国防和关系复杂的科学研究计划管理中，都得到了广泛的应用。

在工程施工中，应用网络计划技术编制施工进度计划具有下列优点：

(1)能正确表达一项计划中各项工作开展的先后顺序及相互之间的关系；

(2)通过网络图的计算，能确定各项工作的开始时间和结束时间，并能找出关键工作和关键线路；

(3)通过网络计划的优化寻求最优方案；

(4)在计划的实施过程中进行有效的控制和调整，保证以最小的资源消耗取得最大的经济效果。

一、网络计划的概念

什么是网络图？什么是网络计划？

常用网络图有哪几类？

网络图是由箭头和节点组成的，用来表示工作流程的网状图形。常见的网络图有单代号网络图和双代号网络图两种。

在网络图上加注工作的时间参数而编成的进度计划，称为网络计划。用网络计划对任务的工作进度进行安排和控制，以保证实现预定目标的科学管理技术，即称为网络计划技术。网络计划技术不仅是一种编制计划的方法，而且还是一种科学的施工管理方法。它有助于合理组织生产，实行重点管理，缩短工期，降低成本。

1. 单代号网络计划

以单代号表示法绘制的网络计划，如图4-14所示。在网络图中，每个节点表示一项工作，箭线仅用来表示各项工作间相互制约、相互依赖的关系。

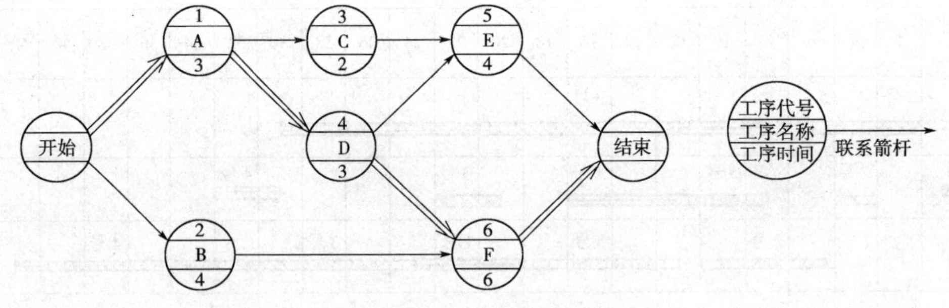

图4-14　单代号网络计划

2. 双代号网络计划

以双代号表示法绘制的网络计划，在网络图中，箭线用来表示工作，如图4-15所示。目前施工企业多采用这种网络计划。

二、双代号网络图的组成

什么是双代号网络图？

双代号网络图由哪些要素组成？

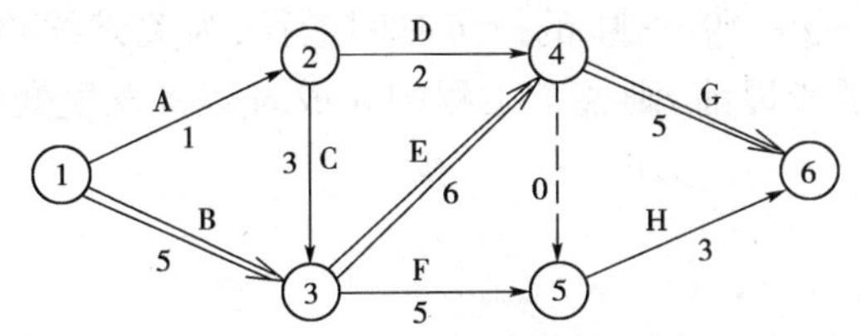

图 4-15　双代号网络计划

读一读

1. 双代号网络图

双代号网络图是用圆圈和有向箭杆表达计划所要完成的各项工作及其先后顺序和相互关系的网状图形，如图 4-16 所示。

在双代号网络图中，用有向箭杆表示工作，工作的名称写在箭杆上方，工作所持续的时间写在箭杆的下方，箭尾表示工作的开始，箭头表示工作的结束。箭头和箭尾衔接的地方画上圆圈并编上号码，用箭头与箭尾的号码 $i—j$ 作为这个工作的代号。

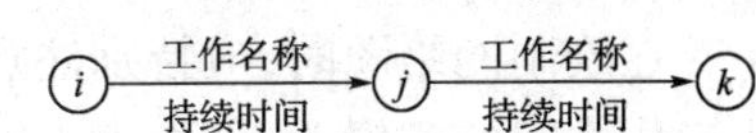

图 4-16　双代号网络图表示方法

2. 工作

工作也称活动，是指完成一项任务的过程。根据计划编制的粗细不同，工作既可以是一个建设项目、一个单项工程，也可以是一个分项工程乃至一道工序。

一般情况下，工作需要消耗时间和资源（如支模板、浇注混凝土等），有的则仅是消耗时间而不消耗资源（如混凝土养护的技术间歇）。在双代号网络图中，有一种既不消耗时间也不消耗资源的工作——虚工作，它用虚箭杆来表示，用以反映一些工作与另外一些工作之间的逻辑制约关系，如图 4-17 所示，其中 2—3 工作即为虚工作。

3. 节点

节点也称事件，是表示工作的开始、结束或连接关系的圆圈。箭杆的出发节点叫做工作的起点节点，箭头指向的节点叫做工作的终点节点。任何工作都可以用其箭杆前后的两个节点的编码来表示，起点节点编码在前，终点节点编码在后，如图 4-17 中的 B 工作可用 1—3 来表示。节点具有瞬时性，即节点既不占用时间，也不消耗资源。

网络图的第一个节点为整个网络图的起始节点，最后一个节点为网络图的结束节点，其余的节点均为中间节点。中间节点可反映施工的形象进度。如图 4-15 中 B 工序称为 F 工序的紧前工序，而 F 工序则称为 B 工序的紧后工序。

4. 线路

从原始节点出发，沿着箭头方向直至结束节点，中间经由一系列节点和箭杆所构成的若干条“通道”，即称为线路。一条线路上的各项工作所持续时间的累加之和称为该线路之长，它表示完成该线路上的所有工作需花费的时间，其中持续时间最长的线路称为关键线路。如图 4-18 所示。

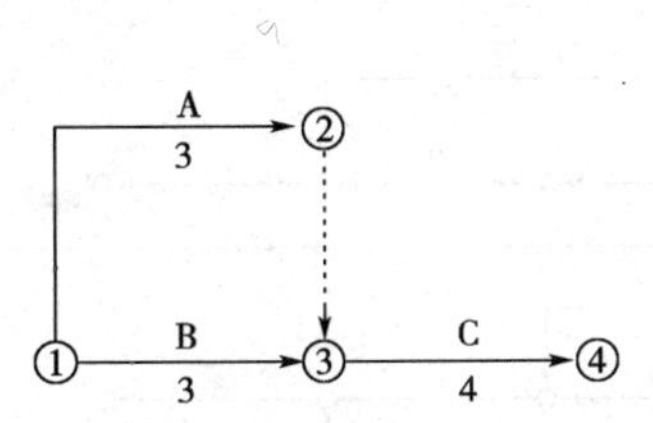

图 4-17　“虚工作”的表示方法

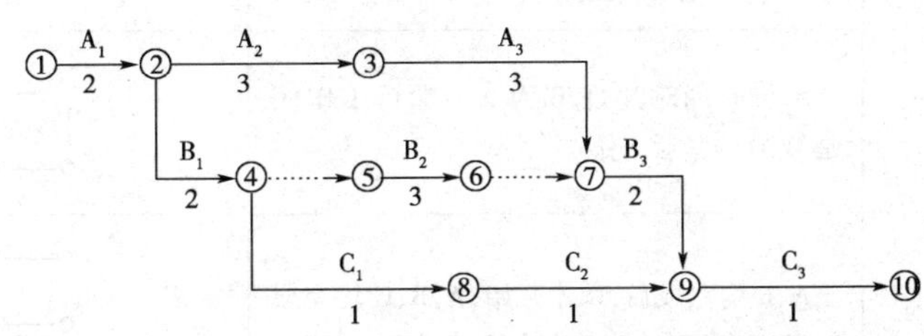

图 4-18　双代号网络图

由上述分析可知，线路①—②—③—⑦—⑨—⑩ 的持续时间最长，为关键线路，可作为该项工程的计划工期，该线路上的工作拖延或提前，则整个工程的完成时间将发生变化。

三、双代号网络图的绘制

绘制双代号网络图时应遵循哪些规则？

1. 各种逻辑关系的正确表示方法

各工作间的逻辑关系，既包括客观上由工艺所决定的工作上的先后顺序关系，也包括施工组织所要求工作之间相互制约、相互依赖的关系。逻辑关系表达是否正确，是网络图能否反映工程实际情况的关键。

在绘制网络图时，应特别注意虚箭杆的使用。在某些情况下，必须借助虚箭杆才能正确表达工作之间的逻辑关系，如表 4-8 中的第 10 和第 12 种情况。表 4-8 给出了常见逻辑关系及其表示方法。

双代号网络图中常见的逻辑关系及其表示方法 表 4-8

序号	各种工作间的逻辑关系	表示方法
1	A、B、C 无紧前工作，即工作 A、B、C 均为计划的第一项工作，且平行进行	A B C
2	A 完成后，B、C、D 才能开始	A B C D
3	A、B、C 均完成后，D 才能开始	A B C D
4	A、B 均完成后，C、D 才能开始	C A D B
5	A 完成后，D 才能开始；A、B 均完成后，E 才能开始；A、B、C 均完成后，F 才能开始	A D B E C F
6	A 与 D 同时开始，B 为 A 的紧后工作，C 是 B、D 的紧后工作	D A B C
7	A、B 均完成后，D 才开始；A、B、C 均完成后，E 才能开始；D、E 完成后，F 才能开始	A B D F C E

续上表

序　号	各种工作间的逻辑关系	表 示 方 法
8	A 结束后，B、C、D 才能开始；B、C、D 结束后，E 才能开始	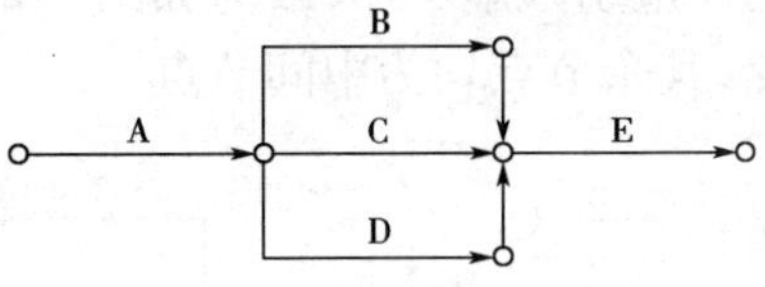
9	A、B 完成后，D 才能开始；B、C 完成后，E 才能开始	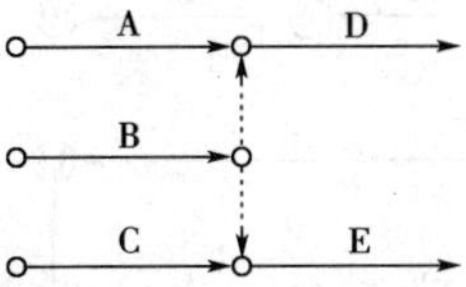
10	工作 A、B 分为三个施工段，分段流水作业，a_1完成之后进行 a_2、b_1；a_2完成之后进行 a_3，a_2、b_1完成之后进行 b_2；a_3、b_2完成之后进行 b_3	第一种表示法 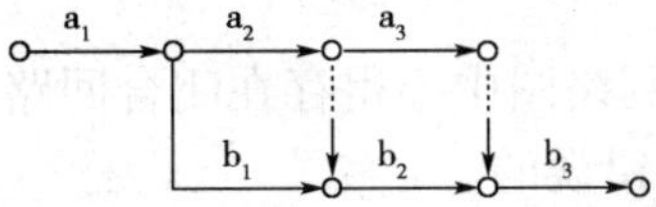 第二种表示法 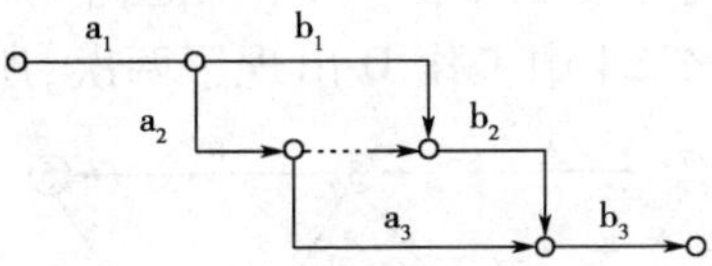
11	A、B 均完成后，C 才能开始；A、B 分为 a_1、a_2、a_3和 b_1、b_2、b_3三个施工段，C 分为 c_1、c_2、c_3，A、B、C 分三段作业交叉进行	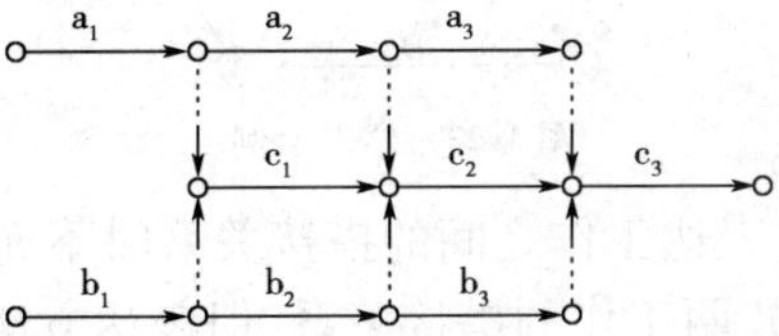
12	A、B、C 为最后三项工作，即 A、B、C 无紧后作业	有三种可能情况 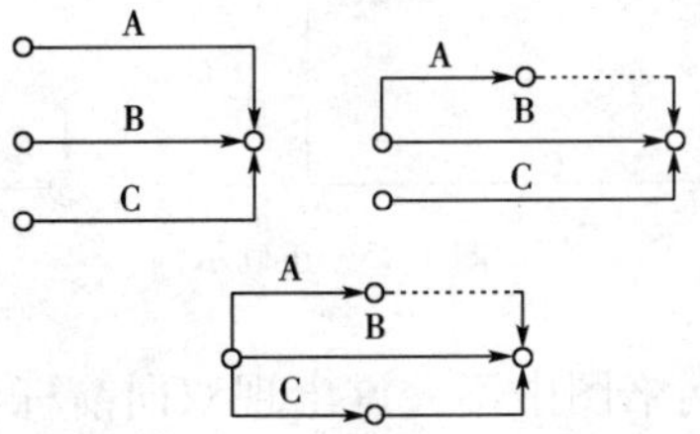

2. 双代号网络图的绘制规则

绘制双代号网络图，必须遵守一定的基本规则，才能明确地表达出工作内容，准确地表达出工作间的逻辑关系，并且使所绘出的图易于识读和操作。

(1)不得有两个或两个以上的箭杆从同一节点出发且同时指向同一节点。表达工作之间平行的关系时，可以增加虚工作来表达他们之间的关系。如图 4-19 必须改为图 4-20 才是正确的。

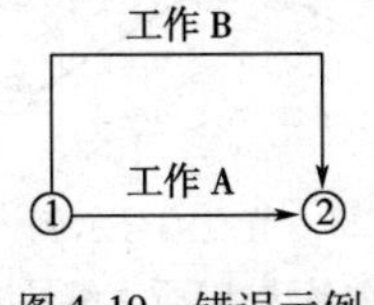

图 4-19　错误示例

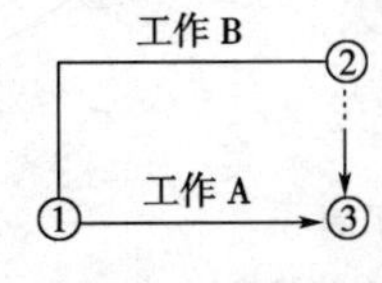

图 4-20　正确示例

(2)一个网络计划只能有一个起始节点和一个结束节点。

如图4-21 所示，节点①、②、③都表示计划的开始，节点⑫、⑬、⑭都表示计划的完成，这是错误的。应引入虚工序，改为如图4-22 所示的形式，这时①为计划的起始节点，⑪为计划的结束节点，其余节点均为中间节点。

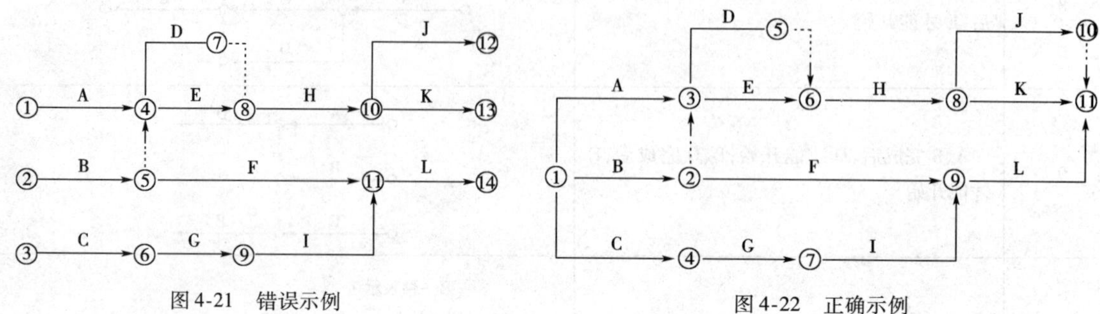

图4-21　错误示例　　图4-22　正确示例

(3)在网络图中不得存在闭合回路。如图4-23 中，工作C、D、E 形成了闭合回路，说明这个网络图是错误的。

(4)同一项工作在一个网络图中不能重复表达。

在图4-24 中工作D 出现了两次，所以应引进虚工作，改为图4-25 所示的形式。

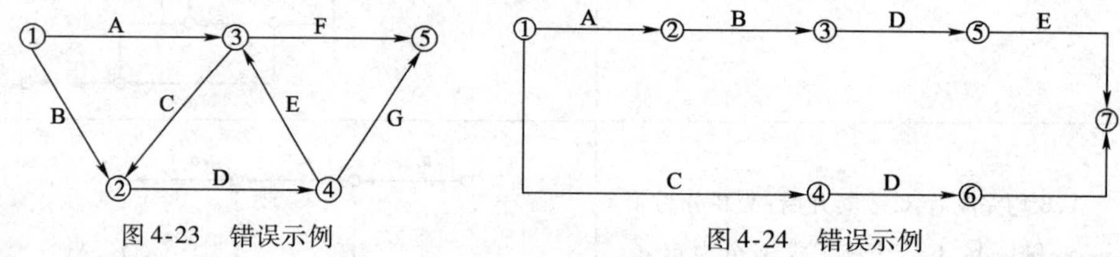

图4-23　错误示例　　图4-24　错误示例

(5)表达工作之间的搭接关系时不允许从箭杆中间引出另一条箭杆。如图4-26a)原本要表达A,B 两工作的搭接关系，但表达方法是错误的，应改为如图4-26b)所示形式。

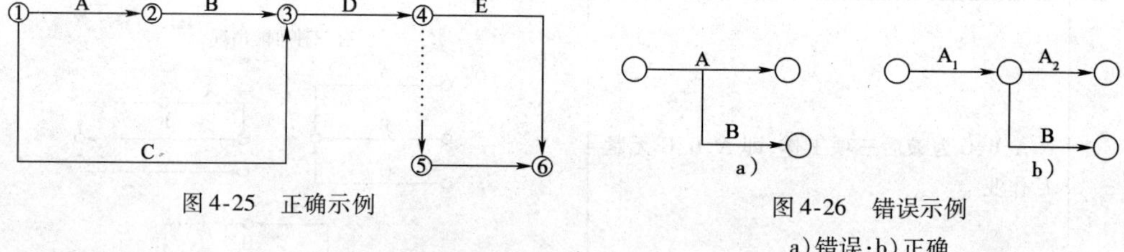

图4-25　正确示例　　图4-26　错误示例

a)错误；b)正确

(6)网络图中不允许出现双向箭杆和无箭头箭杆，如图4-27 所示。

(7)网络图中节点编号自左向右，由小到大，应确保工作的起点节点的编号小于工作的终点节点的编号，并且所有的节点的编号不得重复。编号可采用水平编号法，每行自左向右，然后自上而下逐行进行编号，如图4-28a)所示；也可采用垂直编号法，由上而下然后自左向右进行编号，如图4-28b)所示。编号可以采用非连续的编号，便于以后的修改。

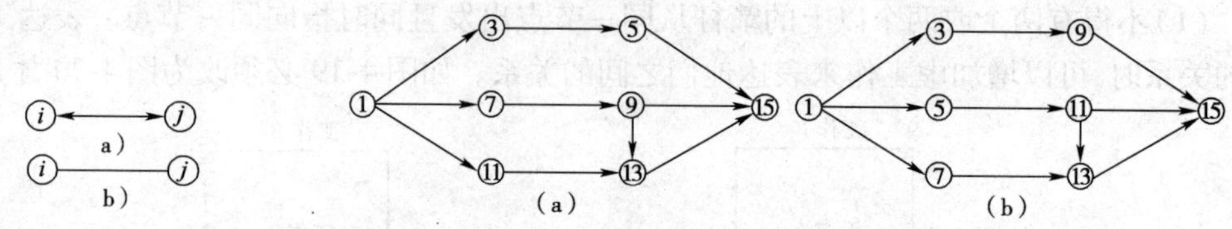

图4-27　错误示例

a)双向箭杆；b)无箭头的箭杆

图4-28　节点编号示例

a)水平编号法；b)垂直编号法

(8)绘制网络图时,宜避免箭杆交叉。当箭杆交叉不可避免时,可采用如图4-29所示表示方法。

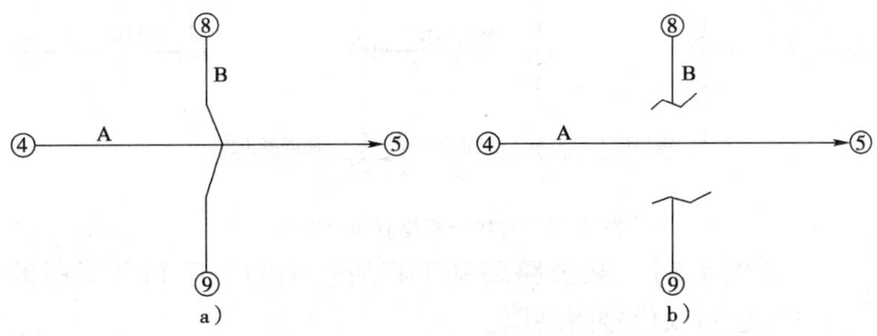

图4-29 箭杆交叉时的绘图方法

a)过桥法;b)断线法

(9)对平行搭接进行的工作,在双代号网络图中,应分段表达,如图4-30所示。

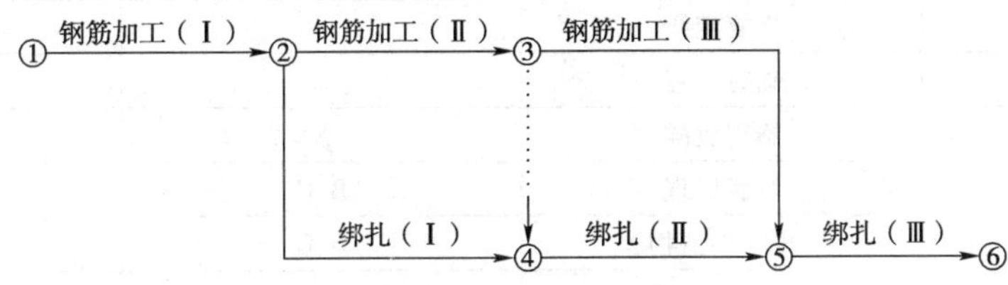

图4-30 工作平行搭接的表达

3.双代号网络图的绘制方法

双代号网络图的绘制方法,视各人的经验而不同,但一般都要在既定施工方案的基础上,根据具体施工条件,以统筹安排为原则,采用直接分析绘图法。

直接分析绘图法,是在充分研究和熟悉施工方案的基础上,同时考虑工作之间的工艺关系和组织顺序,从左向右依次把各项工作表达成双代号网络图。往往需要边画、边分析检查、边修改。

(1)任务分解,划分施工工作;

(2)确定完成工作计划的全部工作及其逻辑关系;

(3)确定每一工作的持续时间,制定工程分析表,如表4-9所示;

(4)根据工程分析表,绘制并修改网络图,如图4-31所示。

工程分析表 表4-9

工作代号	紧前工作	持续时间(d)
回填土A	—	4
回填土B	回填土A	3
回填土C	回填土B	4
铺垫层A	回填土A	3
铺垫层B	回填土B、铺垫层A	2
铺垫层C	回填土C、铺垫层B	3
浇混凝土A	铺垫层A	2
浇混凝土B	铺垫层B、浇混凝土A	1
浇混凝土C	铺垫层C、浇混凝土B	2

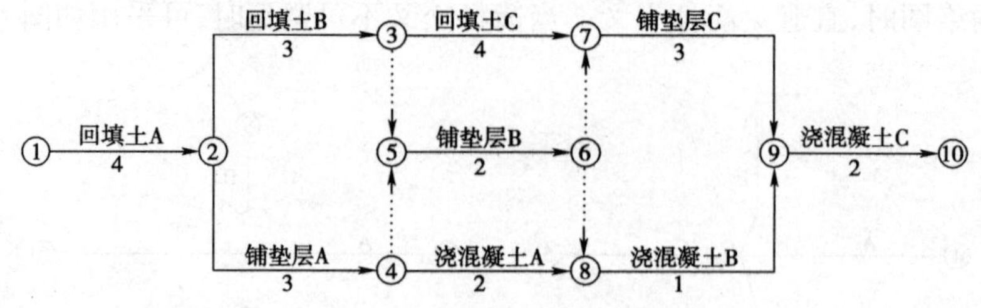

图4-31　直接分析绘制的网络图

练一练

【例4-5】　某公路路基工程所包括的工序和各工序的作业天数见表4-10,绘制双代号网络图。

某段公路路基工程施工工序表　　表4-10

工序代号	工序名称	紧前工序	持续时间(d)
S	施工准备	—	1
A	恢复定线	S	2
B	临时工程	S	2
C	施工放样	A	2
D	基底处理	B、C	4
E	排水构造物	B、C	6
F	一般填方段	E、D	15
G	特殊填方段	E、D	20
H	挖方段	E	6
I	整修	H、F、G	2

双代号网络图如图4-32所示。

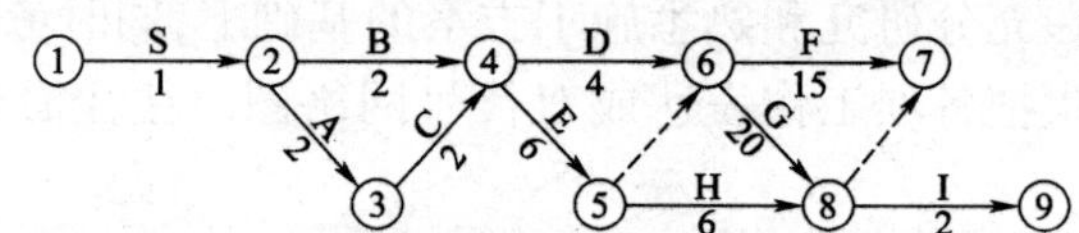

图4-32　双代号网络图

【例4-6】　根据施工工序表4-11绘制双代号网络图。

施工工序表　　表4-11

工　　作	A	B	C	D	E	F
紧前工作	—	—	A	A	B、C	D、E

见图4-33。

【例4-7】　根据表4-12绘制双代号网络图。

施工工序表　　表4-12

工　　作	A	B	C	D	E	F	G	H
紧后工作	C、D	E	G	H	F	—	—	—

见图4-34。

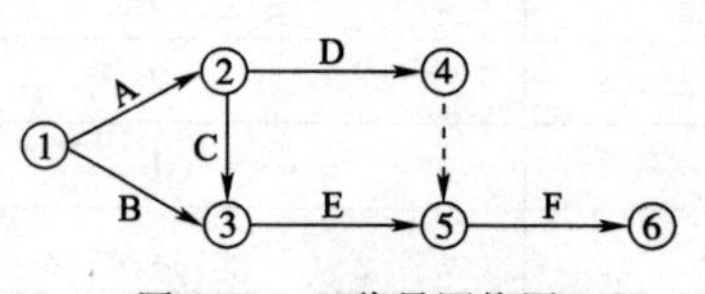

图4-33　双代号网络图

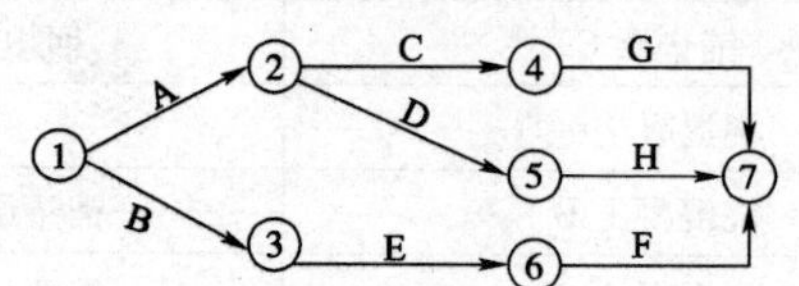

图4-34　双代号网络图

复习思考题

1. 在施工生产过程中应遵循哪些基本原则？

2. 流水作业法的主要参数有哪些？

3. 在进行施工生产时常采用的基本作业方法有哪三种？各有什么特点？适用什么情况？

4. 什么是双代号网络图？由哪些要素组成？

5. 贝尔曼法则用于解决什么问题？

6. 现有一钢筋混凝土结构物，分为Ⅰ、Ⅱ、Ⅲ、Ⅳ四个施工段，每个施工段又分为立模、扎筋、浇筑混凝土三道工序、各工序工作时间如下表。确定流水步距，求总工期。

施工段 / 工序	Ⅰ	Ⅱ	Ⅲ	Ⅳ
A	2	3	4	3
B	3	4	2	5
C	2	3	3	2

7. 某工程各工序工期如下表，试按“求最小流水步距法”安排作业班组连续作业，并绘制流水作业图确定总工期。

工序工期表

施工段 / 工序	A	B	C	D	E
a	2	2	2	1	3
b	1	2	2	4	4
c	3	3	2	3	2
d	4	3	1	3	2

8. 根据工序工期表示施工项目合理施工顺序，使流水作业工期最短，并绘制流水作业图求得最短工期。

工序工期表

任务 / 工序	A	B	C	D	E
a	4	3	6	5	2
b	5	1	4	6	3

9. 据工期表确定最优施工顺序及工期。

任务号 / 工序	A	B	C	D	E
a	10	2	6	9	4
b	4	3	2	4	5
c	8	5	9	6	7

单元五　施工组织设计

应知点

1. 施工组织设计的概念、分类和施工组织设计文件的内容；
2. 施工组织设计的编制原则、程序和施工组织调查；
3. 施工方案的概念、内容和选择原则；
4. 施工进度计划的分类、参数确定和编制方法、步骤；
5. 施工平面图设计的概念和平面图的类型；
6. 施工平面图设计的依据、原则和步骤。

技能点

1. 会计算工程项目的各个绘图参数；
2. 能绘制项目的工程进度图。

课题一　施工组织的任务和文件

什么是施工组织设计？

为什么要编制施工组织设计？

施工组织设计是在施工前编制的，是用来指导拟建工程施工准备和组织施工的全面性的技术、经济文件。施工组织设计是公路设计文件、公路施工承包投标文件和施工单位进行施工项目管理文件的重要组成部分。由于建筑产品的多样性及生产的单件性等特点，每项工程都必须单独编制施工组织设计，施工组织设计经批准后才允许正式施工。

施工组织设计是在充分研究工程的实际情况和施工特点的基础上编制的，用以规划、部署施工活动的各个方面，按最适宜的施工方案和技术组织措施组织施工，使其实现最好的经济效益。

施工组织设计的基本任务是根据业主对建设项目的各项要求，选择经济、合理、有效的施工方案；确定合理、可行的施工进度；拟定有效的技术组织措施；采用最佳的劳动组织，确定施工中劳动力、材料、机械设备等需要量；合理布置施工现场的空间，以确保全面高效地完成最终建筑产品。

一、施工组织设计的内容

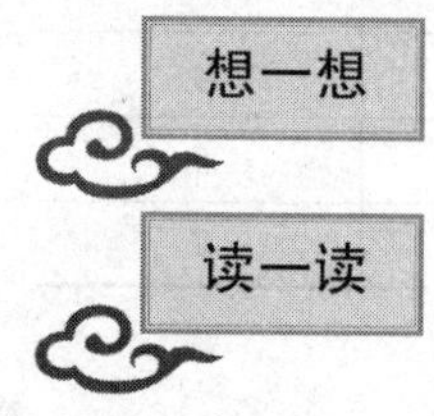

在工程建设的什么阶段编制施工组织设计？

施工组织设计应该编写哪些内容？

公路工程设计和施工的各个阶段，都必须编制相应的施工组织设计文件。一般来说，有设计阶段的施工组织设计文件（由设计部门在工程设计阶段编制）和施工阶段的施工组织设计文件（根据批准的施工图设计和施工组织设计,由施工单位编制)。具体地讲,就是在初步设计阶段拟定施工方案,在技术设计阶段提出修正的施工方案,在施工图设计阶段编制施工组织计划,在施工阶段编制实施性施工组织设计。

1. 施工方案

两阶段初步设计和三阶段初步设计中的施工组织文件称为施工方案。

施工方案一般由下列内容组成:

(1)施工方案说明。就施工方案编制的主要问题进行说明,该说明列入初步设计的总说明书中,其主要内容是:

①概况;

②贯彻国家有关方针政策的说明;

③施工力量、施工组织、施工方法和施工期限的安排;

④主要工程和控制工期及特殊工程的施工方案与措施;

⑤主要材料的供应,机具、设备的配备及临时工程的安排;

⑥下一阶段应解决的问题及注意事项。

(2)主要图表。

①工程概略进度图。根据劳动力、施工期限、施工条件以及施工方案按年和季进行概略安排,列出工程项目单位、数量,按年和季度表示出工程施工起止时间、机动时间、衔接时间等。

②人工、主要材料及机具、设备安排表。列出名称、单位、数量、需要量等(可分上半年、下半年编制)。

③临时工程一览表。列出工程名称(便桥、便道、预制场、钢梁、电力及电信线等)、地点或桩号、工程项目及数量等。

④公路临时用地表。列出位置或桩号、工程名称、隶属(县、乡、个人)、长度、宽度、土地类别及数量等。

2. 修正施工方案

采用三阶段设计的工程,在技术设计阶段应提出修正的施工方案。修正施工方案是根据初步设计的审批意见和需要进一步解决的问题而进行编制。它是技术设计的组成部分,并为编制修正概算提供依据。

3. 施工组织计划

不论采用几阶段设计,在施工图设计阶段都应编制施工组织计划,并列入施工图设计文件。

施工组织计划的组成内容有:

(1)说明。施工组织计划在施工图设计中,是作为一篇单独编列,说明应在这一篇的开头。其主要内容包括:

①初步设计(或技术设计)批复意见执行情况;

②贯彻国家方针政策及采用先进技术情况;

③施工组织、施工期限、主要工程的施工方法、工期、进度及措施;

④劳动力计划及主要施工机具的使用安排;

⑤主要材料供应、运输方案及临时工程的安排;

⑥对缺水、风砂、高原、严寒等地区以及冬季、雨季施工所采取的措施;

⑦对高速公路和一级公路的交通工程及沿线设施施工协调和分期实施有关问题的说明;

⑧施工准备工作的意见(如拆迁、用地、修便道、便桥、临时房屋、架设临时电力、电信设施等);

⑨有关文件、协议的抄件或复印件。

(2)施工组织计划图表。

①工程进度图(包括劳动力计划安排);

②主要材料计划表(包括型号、规格、数量);

③主要施工机具、设备计划表;

④临时工程数量表(包括便道、便桥、预制场、施工场地、电力及电信线等);

⑤技术组织措施计划表;

⑥施工平面图设计;

⑦重点工程施工进度图。

4.实施性施工组织设计

在施工阶段,由施工单位编制的施工组织设计称为实施性施工组织设计。这时,施工图设计已获批准,所有施工原则和方案已确定,施工条件明确。因此,这一阶段的施工组织设计十分具体,对各分项工程、各工序和各施工队都要进行施工进度的日程安排和具体操作的设计。

实施性施工组织设计文件可进一步分为施工组织总设计及分部(或分项)工程施工组织设计。

实施性施工组织设计的组成内容是:

(1)施工组织设计的文字说明。包括:

①设备、人员动员周期和设备、人员、材料运到施工现场的方法;

②主要工程项目的施工方案、施工方法;

③各分项工程的施工顺序;

④确保工程质量和工期的措施;

⑤重点(关键)和难点工程的施工方案、方法及其措施;

⑥冬季和雨季的施工安排;

⑦质量、安全保证体系;

⑧其他应说明的事项。

(2)分项工程进度率计划,即斜率图(图5-1)。

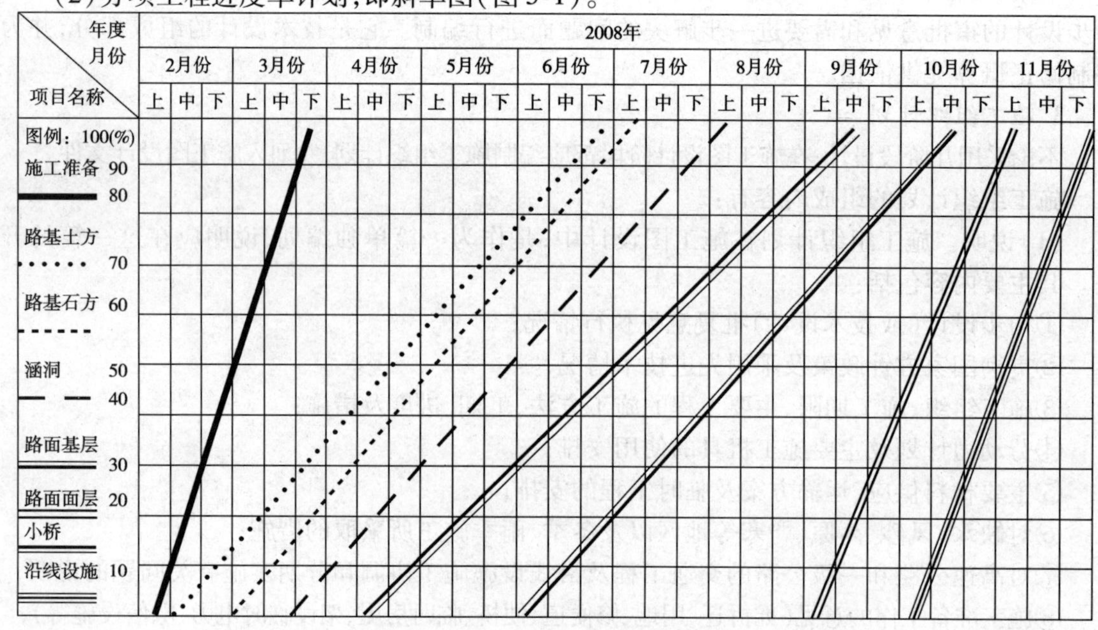

图5-1 分项工程进度率计划(斜率图)

(3)工程管理曲线(图5-2)。

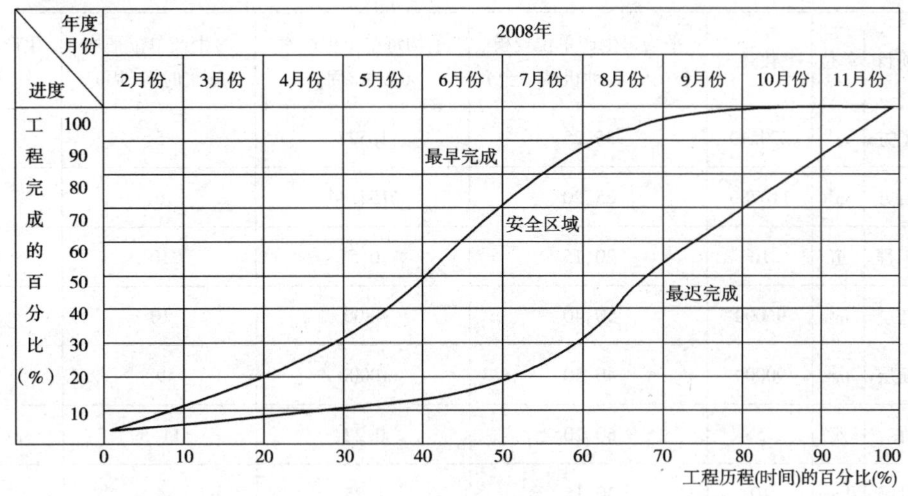

图5-2 工程管理曲线

(4)施工总平面布置(图5-3)。

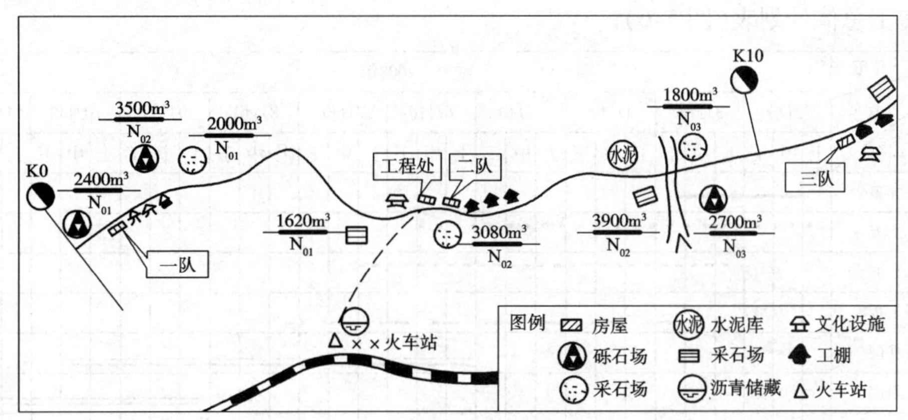

图5-3 施工总平面布置图

(5)主要分项工程施工工艺框图。

包括:路基填筑、路面底基层基层、路面面层施工(图5-4 沥青混凝土路面面层施工工艺框图)、桥梁钻孔桩施工、先张法预应力梁施工、后张法预应力梁施工、梁板施工、桥梁安装施工、隧道施工方案、安全设施施工方案等。上述各项内容应根据实际工程分项情况填写。

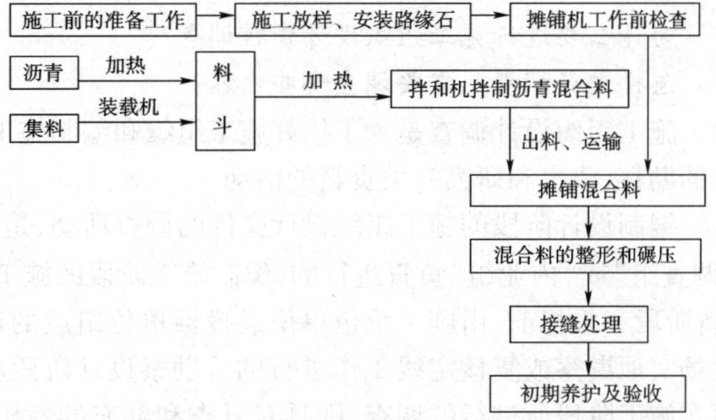

图5-4 沥青混凝土路面面层施工工艺框图

(6)分项工程生产率和施工周期表(图5-5)。

序号	工程项目	单位	数量	平均每生产单位规模(…人,各种机械…台)	平均每单位生产率(数量/周)	每生产单位平均施工时间(周)	生产单位总数(个)
1	路基土方	m^3	270540	35,25	13527	5	4
2	路基石方	m^3	110780	25,20	6154.44	6	3
3	涵洞工程	道	10	20,15	0.5	10	2
4	路面基层	m^2	96000	50,40	4800	10	2
5	路面面层	m^2	90000	40,50	10000	9	1
6	小桥	座	5	60,20	0.22	11.5	2
7	沿线设施	km	10	30,15	1.25	4	2

图5-5 分项工程生产率和施工周期表

(7)施工总体计划表(图5-6)。

年度	2008年																													
月份	2月份			3月份			4月份			5月份			6月份			7月份			8月份			9月份			10月份			11月份		
主要工程项目	上	中	下	上	中	下	上	中	下	上	中	下	上	中	下	上	中	下	上	中	下	上	中	下	上	中	下	上	中	下
1. 施工准备																														
2. 路基土方																														
3. 路基石方																														
4. 涵洞工程																														
5. 路面基层																														
6. 路面面层																														
7. 桥梁工程																														
8. 沿线设施																														

图5-6 施工总体计划表

二、施工组织设计的调查资料

想一想

为什么要进行施工组织设计资料调查?

怎样进行调查?需要调查哪些内容?

读一读

施工组织设计调查是为了搞好施工组织和编制施工组织设计文件而进行的勘察、收集和研究有关资料的活动。

编制设计阶段的施工组织设计文件的调查活动,是在勘察设计阶段,由勘察设计单位组织"调查组"或"内业组"负责进行的;编制施工阶段的施工组织设计文件的调查工作,是在施工准备阶段和投标前,由施工承包单位或投标单位组成的调查组,结合招标文件及所签合同进行现场实地勘察或复核定线工作进行的。勘察设计阶段所进行的调查,具有勘察、调查的性质;而在施工阶段所进行的调查,则具有复查和补充的性质,且更加详细,但两者的内容和方法,基本上是一样的。

调查组一般由负责施工组织设计的工程师1人，技术员1人以及测量工2~3人组成。调查组应备有各种调查记录表格、各种拟好的空白协议书以及皮尺、测杆等测量工具。

调查方法，主要采取现场勘测、询访、座谈、函调等方式进行。

调查的深度和广度，除应满足各不同设计阶段施工组织设计文件编制资料需要外，还应满足政府和有关部门的各项规定。

调查工作的基本要求是：座谈有纪要、协商有协议、调查有证明、询访有书面材料、政策规定应索取原件和复印、影印文本。特别要注意所有资料均要真实可靠、手续健全、措辞严谨、依法生效。

施工组织设计调查主要调查下列内容：

1. 自然条件调查

(1)地形。主要是对公路沿线、桥位、隧道及大型土石方地段的调查。

(2)地质。主要是指地质与土质条件调查。同时了解现场地上障碍物、地下埋设物，以及可利用的地形地物情况。

(3)气象水文。主要调查内容是降雨、降雪、冰冻、气温、季风、地下水、河流流量、水位以及其他灾害性气象水文情况等。

2. 施工条件调查

(1)运输状况调查。包括到现场有无铁路、公路和水运线路，运输所需的时间。

(2)动力、燃料、水资源及生活物资供应调查。主要是调查施工动力和照明用电供应情况；施工生活用水、煤、油料、气、热的供应情况；施工用生活物资供应情况；同时还应调查现场附近机修厂及机械备件、消耗材料等供应情况。

(3)劳动力及建筑材料市场调查。主要是指现场当地可以利用的工人及其他人员的人数，调查了解施工现场建筑材料供应情况。

(4)建筑设施及社会环境调查。主要调查工程沿线附近居民住宅，城镇的学校、医院、旅馆、当地行政机关、市场、车站、港口码头等各种设施，及施工中可能利用的其他情况。

(5)拆迁建筑物调查。凡需要拆迁的建筑物均应对其名称、位置、数量、现状及所属权等进行调查。

(6)路线交叉调查。当所建公路与铁路、水利设施、现有公路交叉发生干扰时，对其名称、位置、工程量、交叉情况、处理方法及金额等进行调查。

施工阶段调查时，还应了解当地民风民俗、村规民约等情况，以利组织施工管理和职工教育，从而确保与地方关系和睦协调和文明施工。

三、施工组织设计编制的原则和程序

编制施工组织设计时应遵循什么原则？

编制施工组织设计的正常程序是什么？

1. 施工组织设计的编制原则

(1)严格履行合同签订(或上级下达)的施工期限，保质保量按期或提前完成施工任务；

(2)全面规划，保证重点，统筹安排，优先安排控制工期的关键工程；

(3)采用先进的施工方法和施工技术，不断提高施工机械化、预制装配化程度，减轻劳动强度，提高劳动生产率；

(4)应用科学的计划方法进行最合理的施工组织；

(5)落实季节性施工以及重点和关键工程施工的措施，确保全年连续施工，在保证重点和关键工程的情况下，应全面平衡人工、材料的需用量，力求实现均衡施工；

(6)精打细算、开源节流，充分利用已有设施、设备和当地资源，尽量减少临时工程、设备添购以及资源远运，从而降低工程成本，提高经济效益；

(7)科学地妥善安排施工现场，确保施工安全和保护环境，实现文明施工。

2. 编制程序

编制施工组织设计要根据工程实际，按照公路工程施工生产的客观规律，协调和处理好各相关因素的关系，遵守一定的程序，用科学的方法进行编制。一般编制程序见图 5-7。

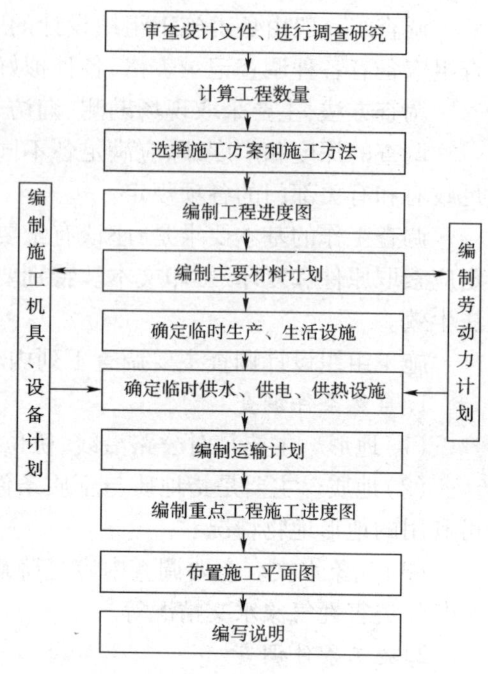

图 5-7　施工组织设计的编制程序

课题二　施工方案与施工进度计划

一、施工方案的选择

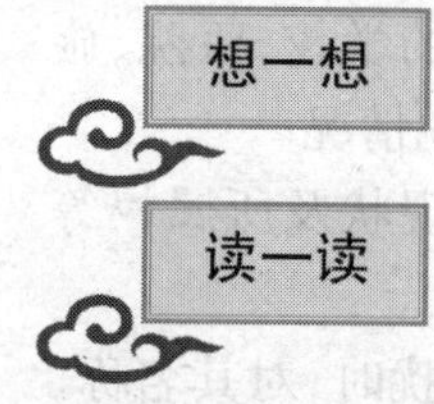

什么是施工方案？其内容有哪些？

如何选择施工方案？

施工方案是指对工程施工所作的总体设想和安排。选择施工方案是各类施工组织设计中最首要的问题，是决定整个工程全局的关键。

选择和制订施工方案，首先要考虑其是否可行，同时还要做到技术先进、经济合理、施工安全。所谓可行是指施工方案能从实际出发，符合当前实际情况，有实现的可能性；技术先进是指能有效地采用新技术、新方法、新工艺、新材料，从而提高工效，缩短工期、保证施工质量；经济合理是指尽可能地采用降低施工费用的一切正当和有效的措施，挖掘施工潜力，使施工费用降至最低限度；施工安全则是指施工方案符合安全规程，有保证安全施工的技术措施。以上几点在选择和制定施工方案时应全面考虑，互相权衡。

施工方案所包括的内容概括起来主要有四个方面：

(1)施工方法的确定；

(2)施工机械的选配；

(3)施工作业顺序的安排；

(4)施工作业的组织方法。

1. 施工方法的确定

施工方法是施工方案中的核心内容，它对工程的实施具有决定性的作用。由于在施工过程中，可采用的施工方法多种多样，而每种方法都有其各自的优点和缺点，为此，选择适合于本工程的最先进、最合理、最经济的施工方法，达到降低工程成本，提高作业生产效率，就成为一个首要的任务。

选择施工方法的依据主要是：

(1)工程特点。主要指工程项目的规模、构造、工艺、技术要求等方面的特点。

(2)工期要求。在明确本工程的总工期或分部工程的工期是属于紧迫、正常、充裕三种情况中的哪一种。

(3)施工组织条件。主要指气候等自然条件，施工单位的技术水平和管理水平，所需设备、材料、资金等供应的可能性。

2. 施工机械的选配

在确定施工方法的同时，必然要考虑到对施工机械进行选配。随着机械化施工程度的提高，选择机械的种类、型号、数量是制订施工方案时需要解决的重要问题。

施工机械选择的原则：

(1)只能在现有的或可能获得的机械中进行选择。尽管某种机械在各方面都是适合的，或对工期的缩短、人力的节省很有利，但如不能得到，就不能作为一个供选择的方案。

(2)从施工条件考虑选择的机械类型应与之相符合。施工条件指施工场地的地质、地形、工程量大小和施工进度等，特别是工程量和施工进度，是合理选择机械的重要依据。

(3)固定资产损耗费与运行费是否经济。固定资产损耗费与施工机械的投资成正比。而机械的运行费可视为与完成的施工量成正比的费用，它是选择施工机械必须考虑的一项原则。因此，大型工程选用大型机械是经济的。施工机械的经济选择基础是施工单价，故必须权衡机械费与工程量的关系。通常施工机械的容量越大，其施工单价越便宜。如果只使用大型施工机械的部分容量，倒不如最大限度地发挥中小型机械的容量，这在许多情况下是经济的。

(4)施工机械的合理组合。合理组合一是指主机与辅助机械在台数和生产能力上的互相适应；二是指作业线上的各种机械互相配套的组合。

(5)从全局出发统筹考虑选择施工机械。全局出发就是不仅考虑本项工程，而且要考虑所承担的同一现场上的其他工程的施工机械使用。

3. 施工顺序的确定

施工顺序的确定应遵循和考虑以下几点要求：

(1)必须符合工艺要求。公路工程项目各施工过程之间存在一定的工艺顺序关系，例如钻孔后必须尽快地灌注水下混凝土，否则就会产生塌孔现象，所以两道工序必须紧密衔接。

(2)必须使施工顺序与施工方法、施工机具协调一致。例如，现浇钢筋混凝土上部构造的施工顺序与采用架桥机进行施工的顺序显然不相同，因此，施工方法不同，所采用的机具设备也不同，其施工顺序就不会相同。

(3)必须考虑施工质量的要求。在安排施工顺序时，要以确保施工质量为前提条件，如影响工程质量时，则要重新确定施工顺序或采取必要的技术措施。

(4)必须考虑水文、地质、气候的影响。在确定施工顺序的同时，应充分考虑到洪水、雨季、冬季、不良地质区域等因素的影响。有的因素对施工顺序的安排起着决定作用，如桥梁下部工程一般应安排在汛前或汛后完成。

(5)必须考虑影响全局关键工程的合理施工顺序。如路线工程中某大桥、某隧道、某深路堑，若不在前期完工，将导致其他工程不能如期施工(如无法运输材料、机具或工期太长等)，此时应集中力量攻克关键工程。

(6)必须遵循合理组织施工过程的基本原则。即符合施工过程的连续性、协调性、均衡性和经济性。尽量安排流水或部分流水作业,以便充分发挥劳动力和机具的效果;尽量减少工人和机械的停歇时间,以便加快进度;尽量减少或避免各作业之间的相互干扰,以保证施工作业的顺利进行。

(7)必须考虑安全生产作业的要求。

二、施工进度计划的编制

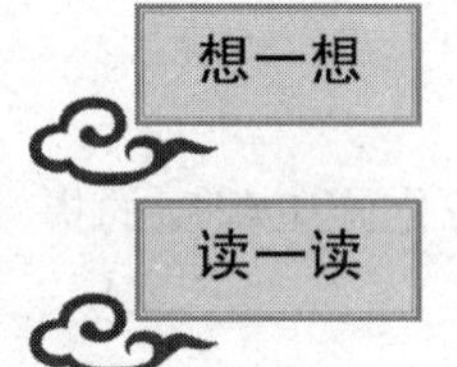

施工进度计划有哪几种?各种进度计划有什么区别?

怎样绘制出合理的工程施工进度计划图?

1. 施工进度图的分类

1)按施工进度图的形式分

(1)横线式施工进度图(或称横道图)。横线式施工进度图(图5-8)是以时间为横坐标,以各分项工程或施工工序为纵坐标,按一定的先后施工顺序和工艺流程,用带时间比例的水平横道线表示对应项目或工序持续时间的施工进度计划图。

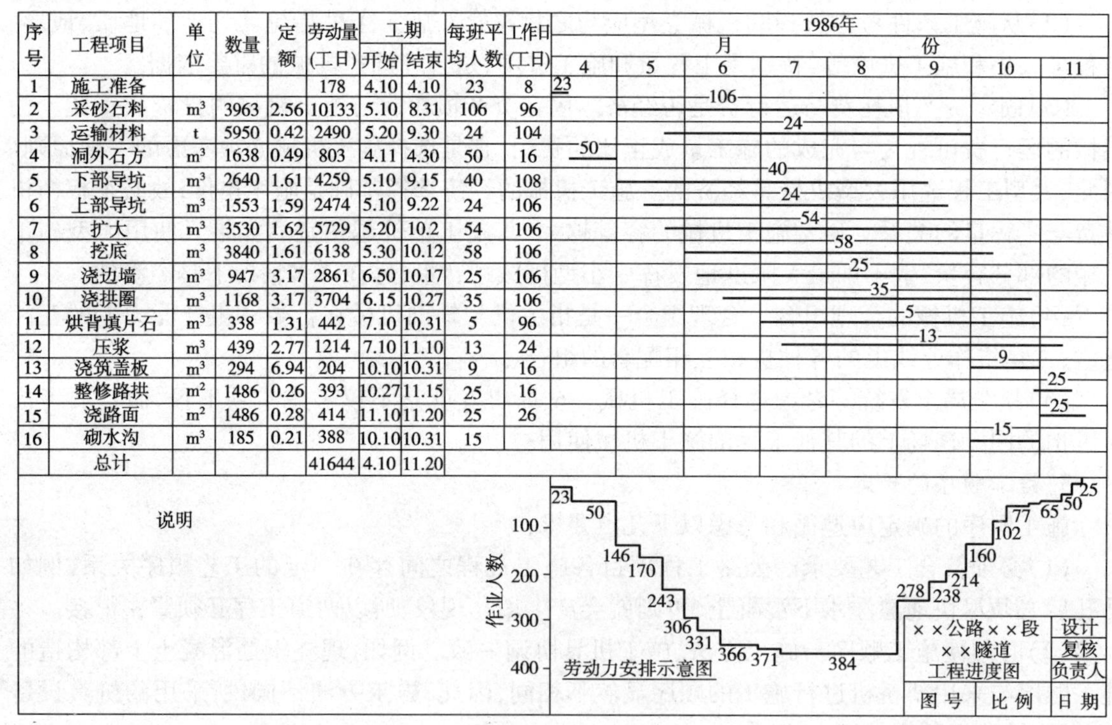

序号	工程项目	单位	数量	定额	劳动量(工日)	工期 开始	工期 结束	每班平均人数	工作日(工日)
1	施工准备				178	4.10	4.10	23	8
2	采砂石料	m^3	3963	2.56	10133	5.10	8.31	106	96
3	运输材料	t	5950	0.42	2490	5.20	9.30	24	104
4	洞外石方	m^3	1638	0.49	803	4.11	4.30	50	16
5	下部导坑	m^3	2640	1.61	4259	5.10	9.15	40	108
6	上部导坑	m^3	1553	1.59	2474	5.10	9.22	24	106
7	扩大	m^3	3530	1.62	5729	5.20	10.2	54	106
8	挖底	m^3	3840	1.61	6138	5.30	10.12	58	106
9	浇边墙	m^3	947	3.17	2861	6.50	10.17	25	106
10	浇拱圈	m^3	1168	3.17	3704	6.15	10.27	35	106
11	烘背填片石	m^3	338	1.31	442	7.10	10.31	5	96
12	压浆	m^3	439	2.77	1214	7.10	11.10	13	24
13	浇筑盖板	m^3	294	6.94	204	10.10	10.31	9	16
14	整修路拱	m^2	1486	0.26	393	10.27	11.15	25	16
15	浇路面	m^2	1486	0.28	414	11.10	11.20	25	26
16	砌水沟	m^3	185	0.21	388	10.10	10.31	15	
	总计				41644	4.10	11.20		

图5-8 横线式施工进度图

(2)斜线式施工进度图(或称垂直坐标图)。斜线式施工进度图以纵坐标表示施工日期,横坐标表示里程或工程位置,而各分项工程或施工工序的施工进度则相应地以不同形式的斜条线表示。

(3)网络式施工进度图。网络图(图5-9)是以加注工作持续时间的箭线和节点组成的网状流程图来表示施工进度计划。

2)按设计阶段划分

(1)工程概略施工进度图。用于初步设计,作为施工方案的组成文件。

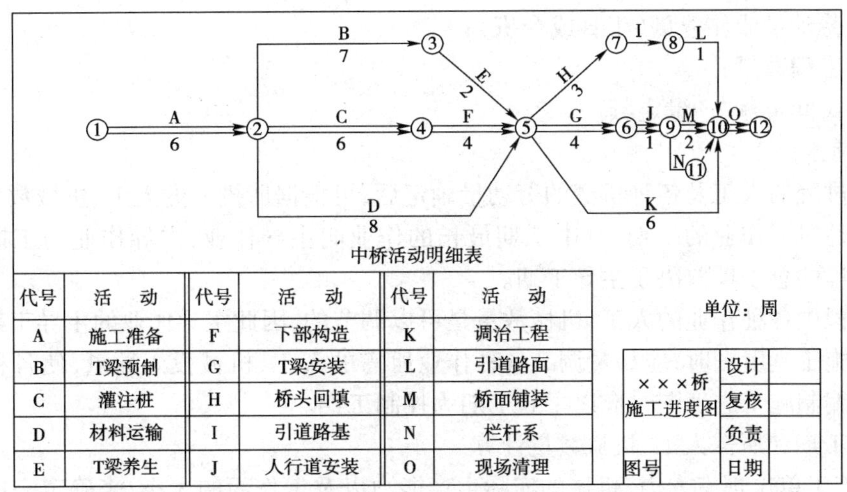

中桥活动明细表

代号	活　动	代号	活　动	代号	活　动
A	施工准备	F	下部构造	K	调治工程
B	T梁预制	G	T梁安装	L	引道路面
C	灌注桩	H	桥头回填	M	桥面铺装
D	材料运输	I	引道路基	N	栏杆系
E	T梁养生	J	人行道安装	O	现场清理

单位：周

×××桥 施工进度图	设计	
	复核	
	负责	
图号	日期	

图5-9　网络式施工进度图

(2)施工进度(计划)图。用于施工图设计,是施工组织计划的组成文件。

(3)实施性施工进度图。这种图是由施工单位在施工阶段编制的,是指导施工生产活动的依据,它比施工图设计中的施工进度图更加具体、现实、可行。

2. 施工进度图编制的依据

(1)工程设计图纸;(2)各种有关水文、地质、气象和技术经济资料;(3)上级规定或合同规定的开工、竣工日期;(4)主导工程的施工方案(施工顺序、施工方法、作业方式);(5)各类定额;(6)劳动力、材料、机械供应情况。

3. 作图参数的确定

编制施工进度图时,首先要对作图的有关参数加以计算或确定。

1)列项

在编制施工进度图时,要划分施工生产过程的细目,即划分工序,并填入施工进度图相应的栏目中。列项时应注意符合如下要求:

(1)所列项目要依选用的施工方法而定;

(2)划分项目的粗细程度一般要按所采用定额的子目来填列;

(3)在施工进度图上填列施工项目时,应按施工顺序填列;

(4)列项时不可漏列、重列和错列。

2)工程量计算

将施工过程细目列出后,根据设计图纸计算工程量。工程数量的计量单位应与相应定额的计量单位一致。

3)劳动量计算

劳动量等于工程项目的工程数量与相应的时间定额的乘积,或等于劳动力人数与作业时间的乘积,或等于机械台数与作业时间的乘积。

人工操作时叫劳动量,机械作业时叫作业量。

劳动量可按下式计算:

$$D = \frac{Q}{C} \tag{5-1}$$

$$D = QS \tag{5-2}$$

式中：D——劳动量或作业量（工日或台班）；

Q——工程数量；

S、C——时间定额、产量定额。

4）主导工期

某生产过程的人工及各种机械的劳动量确定后，可根据所投入的人工、机械数量分别算得人工以及各种机械作业的工期，其中工期最长的作业叫主导作业，主导作业的工期叫主导工期。生产过程的总工期取决于主导工期。

生产过程中各种作业的人工、机械数量是可以调节的，因此主导作业的主导工期也是可变的。在编制施工进度图时，应尽量调节各种作业所需的人工、机械投入数量，使各种作业的工期一致。在编制施工进度图时应以主导工期为控制工期。

5）作业工期和所需人工、机械数量计算

（1）以施工单位现有人力、机械的实际生产能力以及工作面的大小，来确定完成该劳动量所需的持续时间（作业工期）。其计算公式：

$$t = \frac{D}{Rn} \tag{5-3}$$

式中：t——生产工期，即作业持续时间（日）；

D——劳动量（工日或台班）；

R——人数或机械台数；

n——生产作业班制数。

（2）根据规定的工期确定投入施工的人数和机械台数。

公式（5-3）经变换后可得下式：

$$R = \frac{D}{tn} \tag{5-4}$$

【例5-1】 某路面面层上层为3cm厚的细粒式沥青混凝土。已知路面宽9m，长10km，计划由一个施工队完成该沥青混合料的拌和任务，预计可以投入10人，120t/h以内沥青拌和设备1台，$2m^3$以内轮胎式装载机2台，5t以内自卸汽车2台。采用一班制作业。试计算该项工程的劳动量，并确定其主导工期。

解：由已知条件可知，该工程量为$Q = 9 \times 10000 \times 0.03 = 2700m^3$。由《预算定额》查得，定额编号为156-2-2-11-15的人工时间定额为47.0工日/$1000m^3$，机械时间定额120t/h以内沥青拌和设备3.73台班/1000 m^3，$2m^3$以内轮胎式装载机7.00台班/$1000m^3$，5t以内自卸汽车3.88台班/$1000m^3$。则

（1）计算工程的劳动量：

$$D_{人} = 2700 \div 1000 \times 47.0 = 126.9（工日）$$

$$D_{拌} = 2700 \div 1000 \times 3.73 = 10.07（台班）$$

$$D_{装} = 2700 \div 1000 \times 7.00 = 18.90（台班）$$

$$D_{汽} = 2700 \div 1000 \times 3.88 = 10.48（台班）$$

（2）计算作业工期和主导工期：

$$T_{人} = 126.9 \div 10 = 12.69（天）$$

$$T_{拌} = 10.07 \div 1 = 10.07（天）$$

$$T_{装} = 18.90 \div 2 = 9.45（天）$$

$$T_{汽} = 10.48 \div 2 = 5.24(天)$$

则主导工期为 12.69 天。

4. 施工进度图的编制

以图 5-8 的横线图为例介绍施工进度图的编制步骤。

1)作图的准备工作

(1)熟悉并吃透本工程的施工方案和施工方法。

(2)充分研究各种作图的依据和资料,对拟编的施工进度图在总体上有个初步的设想。

2)编制作业工期计算表

(1)准备好作业工期计算表,见表 5-1。

作业工期计算表 表 5-1

序号	项目名称	施工单位	工程数量		定额编号	主导工期(d)	人工劳动量(工日)		实用人数		人工作业工期
			单位	数量			定额	数量	作业班制	每班人数	
1	2	3	4	5	6	7	8	9	10	11	12

序号	机械作业量(台班)						实用机械台数与作业工期								
	机		机		机		机			机			机		
	定额	数量	定额	数量	定额	数量	班制	台数	工期	班制	台数	工期	班制	台数	工期

(2)根据设计图纸和拟好的施工方案、施工方法,确定作业方法并进行作业项目排序。

(3)列项。根据设计图纸、施工方法、作业方法,参照所用定额的子目,按前面介绍的列项要求,按施工顺序将作业项目列入表 5-1 中。

(4)在表 5-1 中逐项计算工程数量、劳动量,有些工程数量可从图纸或概算中直接获得。

(5)在表 5-1 中逐项确定施工作业班制、实用人数和机械台数、作业工期;或确定主导工期,反求人工和机械数量及作业班制。

(6)在表 5-1 中逐项确定主导工期。

3)绘制施工进度线

(1)参照图 5-8 绘制进度图的图框和表格。

(2)将“作业工期计算表”中的有关数据抄录于图 5-8 中。

(3)按施工方案确定的开竣工日期,在图 5-8 中填列日历。

(4)按“作业工期计算表”计算的主导工期,根据项目之间的逻辑关系,并考虑各方面的因素,在进度图上合理设计各作业项目的施工起止日期。亦即用直线或不同符号、不同颜色的线条在施工进度图上绘制作业进度。进度图的习惯表示方法是:以线的位置表示项目,以线的长短表示工期,线上的注字说明人工、机械数量和作业班制,线的形状及符号表征不同工种、机种、作业、班组等。

(5)在作业项目进度安排上,进行反复比较,反复修改,同时修改作业工期计算表,直至合理为止。

(6)绘制劳动力、材料等资源的数量——时间曲线。

(7)编写施工进度图的说明,并抄录于进度图的适当位置。

(8)在进度图的适当位置,列出图例。

4)多方案反复平衡、比较,择优定案

编制施工进度图时,一般要制定几个方案,绘制几个施工进度草图,经反复平衡、比较、评价,最后才能确定所采用的方案。其比较、评价要点是:

(1)工期能否满足建设单位或合同规定的需要。

(2)施工顺序是否合理。

(3)劳动力、机械、材料等资源的供应能否保证,消耗是否均衡。

(4)是否符合施工过程组织的原则。

(5)对主、客观因素是否进行了充分的估计,其影响程度如何。

(6)各项工作安排是否先进合理,有无调整余地。

结合本书"单元三"中的"工程实例"对上述各步骤和方法进行练习。

说明:本例中其他工程如路基排水、防护加固工程、附属工程、临时工程等暂未考虑。本工程计划工期为10个月。绘制进度图后可与图5-5及图5-6进行比较。

1)公路施工组织设计的编制要点及注意事项

(1)全面熟悉工程设计图纸和资料,有关调查资料要齐全。

(2)拿到一个项目后首先对整个工程的施工方案和工期有一个总体设想。

(3)拟订施工方案时要结合工程特点、工期特点、施工组织条件等,确定具体的施工方法、施工顺序、施工作业组织方式(包括作业队个数和人员数量及其施工力量)和主要机械的配套选型。

(4)编制工程进度图的重点是确定各分部、分项工程的工期及总工期。

①有效作业天数的确定。根据当地气象站的多年观测资料进行计算。例如某地区平均年降雨天数为48d,最高年份达到59d,冬季多雾,5月~8月的降雨天数占全年降雨天数的55%左右。因此,每月的有效作业天数平均为$(365-48)\div12=26.4$d;最不利年份为$(365-59)\div12=25.5$d。综合考虑以上情况,每月有效作业天数可取25d。

②充分考虑到施工准备和结束工作时间,计划制订的时间不能太紧张,要留有余地。

③根据各施工项目之间的合理搭接和逻辑关系,先粗略绘制施工进度图,再根据关键工程和重点工程的时间要求进行修改调整。

2)各项工程的施工时间安排注意事项

(1)遵守客观的施工顺序。

(2)同一地点需进行多项工程施工时应紧凑安排,以缩短工期。

(3)注意人力和各种资源需用量的均衡,尽量避免劳动力需用量出现峰值。

(4)在规定的施工期限内完成全部施工作业。

(5)安排进度留有余地,便于执行时调整。

【例5-2】 施工进度图编制实例

(一)工程概况

某国道公路改建工程B标段,采用山岭重丘区三级公路标准,按两阶段设计。根据施工图设计文件,该路段的工程概况如下:

(1)改建路段全长3.88km。

(2)路基宽度7.5m。路基土石方111320m^3,其中石方40780m^3,土方70540m^3。浆砌块石

挡土墙 955.2m^3。

(3)路面宽度 6m,两侧各设宽度为 0.75m 的土路肩。路面面层为 3cm 的三层式沥青表面处治,基层为厚 20cm 的泥灰结碎石。

(4)全线有中桥 1 座,为 2 孔净跨 30m 的石拱桥,桥长 80.2m;小桥 3 座,均为钢筋混凝土板桥,总长 60.51m;涵洞 8 座,长 140.4m,为钢筋混凝土盖板涵。

(5)其他工程,如路基防护加固工程、附属工程、临时工程等,本例不考虑。

本工程桥涵等人工构造物多,路基土石方分布不均匀,在施工组织设计中应注意各施工点的相互干扰。沿线砂、石等建筑材料丰富;居民点较多,行政、生活用房屋可资利用;新路施工基本上不影响原有公路通车;交通方便。

(二)施工组织设计的基础资料

本例假定:施工图设计与计算正确;通过现场施工调查,掌握了沿线具体情况;经复核,各分项工程的工程量(表 5-2)无误;其他技术文件、有关规范和新技术资料齐全。本工程的工期:1997 年第三季度开工,1998 年底建成通车,施工工期最长只有一年半。

施工方法、工程量及定额工日数量表 表 5-2

编号	工程名称	土石类别或结构物类型	施工方法	工程数量		时间定额		需用工日数	备注
				单位	数量	单位	定额值		
1	集中土方	普通土	机械	m^3	50440	工日/1000m^3	5	252	75kW 以内推土机
2	集中石方	坚石	机械	m^3	37200	工日/100m^3	29.9	11123	机械打眼,推土机推运
3	沿线土方	普通土	机械	m^3	20100	工日/1000m^3	5	100	推土机
4	沿线石方	次坚石	人工	m^3	3580	工日/100m^3	57.3	2051	
5	挡土墙	浆砌块石	人工	m^3	955.2	工日/10m^3	14.9	1423	
6	涵 洞	钢筋混凝土盖板涵	人工	延米/座	140.4/8			3950	
7	小 桥	钢筋混凝土板桥	人工为主	延米/座	60.51/3			8085	小型机具吊装
8	中 桥	石拱桥	人工为主	延米/座	80.2/1			18190	以人工施工为主,辅以简易吊运机具
9	路面基层	泥灰结碎石	人工	m^2	25220	工日/1000m^2	64.2	1619	厚度 20cm
10	路面面层	沥青表面处治	半机械化	m^2	23280	工日/1000m^2	33	768	厚度 3cm,汽车洒油
	合 计							47561	

(三)选择施工方案和施工方法

1)施工方案

(1)整个工程的施工采用平行流水作业法。

(2)建立以下 8 个专业施工队。

①土石方一队。

②土石方二队。

以上两个队负责集中土石方工程的施工,采用平行顺序作业法。

③路基队。用顺序作业法施工沿线路基土石方,包括路基成型、压实、边坡清理等;

④小型构造物队。负责8座涵洞和4座挡土墙的施工,采用流水作业法。

⑤小桥队。负责3座小桥的施工,采用流水作业法。

⑥中桥队。负责1座中桥的施工,用网络分析法组织施工。

⑦路面基层队。采用流水作业法。

⑧路面面层队。采用流水作业法。

(3)施工作业方向从路线终点到起点。这是因为本例大部分工程都集中在路线的中部和后面;又无行车干扰。同时,这个施工作业方向使需要利用的旧路最后施工,对旧路通车的影响达到最小程度。

2)施工方法

本工程规模小,地方劳动力多,为了尽可能减少临时工程和调动地方的积极性,因此,各项工程首先考虑人工施工。但对于劳动强度大、作业面小的工程,如集中土石方、桥梁工程等仍用机械施工或利用机械进行吊装的半机械化施工。各项工程的施工方法见表5-2。

(四)编制工程进度图

为简化起见,只安排表5-2所列10个施工项目的具体施工进度,但在确定总工期时考虑施工准备工作和收尾工作的时间。

1)划分施工项目

根据工程性质和施工方法的不同,划分为表5-2所示10个主要施工项目。

2)计算劳动量

由工程量和相应的时间定额,计算得到各个施工项目的劳动量,即所需用的工日数(表5-2)。本工程上述10个施工项目的劳动量合计为47561工日,假定与施工图预算一致。

3)组织专业施工队,计算施工持续时间

将10个施工项目加以适当合并,由8个专业施工队施工(在施工方案中已提出)。各施工队的工人人数,根据机具配备和劳动优化组合的原则确定。各队人数见表5-3,表中人数为实际出工的工人数,确定各队的编制人数时,还应除以计划的出工率。

各施工队的作业持续时间,采用进入正常流水后的进度平均计算(工程实践中要考虑流水展开期,见本例中桥的进度安排),即用各队人数除该队应完成的劳动量。如小桥队由30人组成,应完成的劳动量为8085工日,则该队的作业持续时间为8085 ÷ 30 = 270工作日。各施工队的作业持续时间见表5-3。

各施工队作业时间表 表5-3

编号	施工队名称	人数	投入劳动量(工日)		作业持续时间(d)		起止时间		备注
			计算值	计划安排	计算值	计划安排	开工	结束	
1	土石方一队	35	8225	8225	235	235	11月下旬	8月底	跨年度
2	土石方二队	30	3150	3150	105	105	4月下旬	8月底	1998年
3	路基队	30	2151	2160	72	72	6月下旬	9月下旬	1998年
4	小型构造物队	20	5373	5400	269	270	9月初	7月下旬	跨年度
5	小桥队	30	8085	8100	270	270	9月初	7月下旬	跨年度
6	中桥队	80	18190	19200	227	240	9月初	6月下旬	跨年度
7	路面基层队	65	1619	1625	25	25	9月初	10月初	1998年
8	路面面层队	30	768	750	26	25	9月中旬	10月中旬	1998年

4)确定施工总期限

(1)有效作业天数

综合考虑当地多年的气象站观测资料,每月有效作业天数取为25d。由于在施工的一年半期间只有一个雨季,因此,每月按25d安排是完全能确保施工任务完成的。

(2)施工准备与结束工作时间

假设本工程的施工准备工作与收尾结束工作的时间各需2个月,因此,正式施工时间为14个月,其有效作业天数为14×25=350d。

(3)施工实际需用的期限预计

根据各施工项目之间的合理搭接和逻辑关系,本工程有以下两条主要流水作业线:集中土石方—路基—路面基层—路面面层、桥涵—路基—路面基层—路面面层。从表5-3可知,施工持续时间最长的是小桥队,为270d,因此,小桥—路基—路面基层—路面面层可能是控制工期的关键线路。设各施工项目之间的间隔时间为15d,这条平行流水线路的作业持续时间最长为270+15+15+15=315d(因为后一施工项目的作业持续时间都比前一施工项目短或相等)。

另一方面,中桥两端有引道,为集中土石方,因此,中桥—引道填方—路面也有可能是控制工期的关键线路,该线路的作业持续时间之和为340d(图5-10)。

综上所述,本工程的正式施工作业天数可控制在350d以内,可在规定的施工工期内完成任务。

5)安排各项工程的施工进度

(1)正式开工时间

因本工程的准备工作为2个月,因此,正式开工时间为1997年9月1日。

(2)重点工程的施工时间安排

根据前面的分析,影响本工程工期的重点工程是中桥和集中土石方。由于组织两个土石方施工队平行作业,因此,中桥工程就成为关键工程。为保证工程施工进度,首先安排中桥工程于1997年9月初开工。

由于本工程规模小,为尽可能减少临时生活设施,避免短时间内的人工过于集中,因此对小桥和小型构造物都只组织了一个施工队,这就使得这两个施工队的作业持续时间相对延长。为争取时间,不影响路基和路面工程的开工,决定小桥队和小型构造物队也在1997年9月初开工。

(3)各项工程的施工时间安排

在具体确定施工时间时,主要考虑了以下几点:

①遵守客观的施工顺序。按照桥涵构造物、土石方、路基、路面这样的次序施工,桥台完工后才能填筑引道和锥坡施工。

②同一地点需进行多项工程施工时应紧凑安排,以缩短工期。中桥施工及引道填方、路面铺筑等在中桥施工段内都以满足各项工程之间的最小时间间隔进行安排,路面基层与面层之间的时间间隔由泥灰结碎石基层的养生期确定。

③注意人力和各种资源需用量的均衡。本例只考虑了劳动力需用量的均衡,如中桥完工后才安排路基队开工,土石方队完工后路面基层队才开工等,避免了劳动力需用量出现峰值。

④在规定的施工期限内完成全部施工作业。本例的竣工时间为1998年10月中旬,全部

工程进度
1998年
1997年
10月
9月
8月
7月
6月
5月
4月
3月
2月
1月
12月
11月
10月
9月
挡土墙
涵洞
小桥
中桥
沥青表面处治
泥灰结碎石
沿线土石方
集中土石方
30
95
145
195
165
130
50
100
150
200
人数
劳动力安排示意图
里程
K55
K56
K57
K58
工程数量
涵洞 孔数-净跨
1-1.0
1-2.4
1-1.4
1-1.4
1-1.1
1-1.1
1-2.4
1-2.4
挡土墙m³
172.0
180.1
272.6
330.5
桥梁
板桥1-6
石拱桥2-30
板桥2-10
板桥1-10
集中土石方m³
600
5340
19040
6860
11430
9150
14480
15240
沿线土石方m³
3035
2220
930
3330
5640
3760
3360
1390
路面
基层为厚20cm的泥灰结碎石 面层为3cm的沥青表面处治 数量23280m²

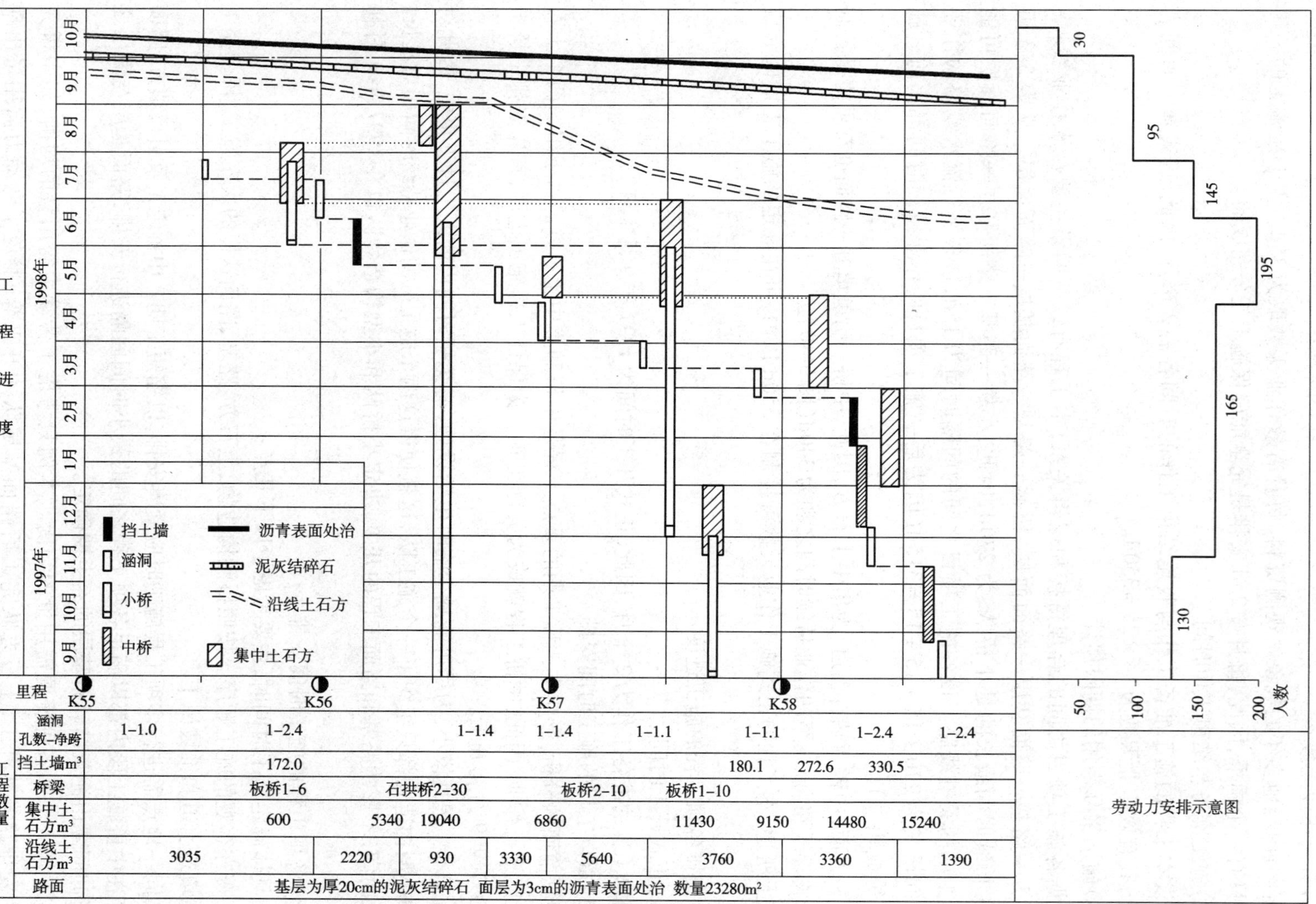

图 5-10　工程进度图

施工时间 14 个月,有效工作日 340d,符合要求。

⑤安排进度留有余地,便于执行时调整。本例共安排了 48700 工日,比计算的定额工日数 47561 工日多 2.39%(详见表 5-3)。因此,本例的施工进度安排有足够的调整余地。

图 5-10 为本工程主要施工项目的工程进度图。

(五)重点工程施工进度图

在公路工程中的某些重点工程,其工期常影响到整个工程施工期限的长短,因此在施工组织中要单独编制施工进度图。现以本例的中桥工程为例说明重点工程施工进度图的编制。

1)施工方案

本中桥为 2 孔跨径 30m 的石拱桥,全长 80.2m。经现场调查和现有施工条件,制订如下施工方案:下部构造分挖基坑、砌基础、砌墩台三道主要工序进行流水作业,每一墩台作业面即为一个施工段;桥台完工后依次砌锥坡;墩台全部完工后搭设拱架;两孔主拱圈和拱上建筑同时施工,使墩台受力平衡,保证质量;主拱圈合拢后 30d 拆除拱架;最后做栏杆和桥面。按上述方案绘制的施工网络计划如图 5-11 所示。

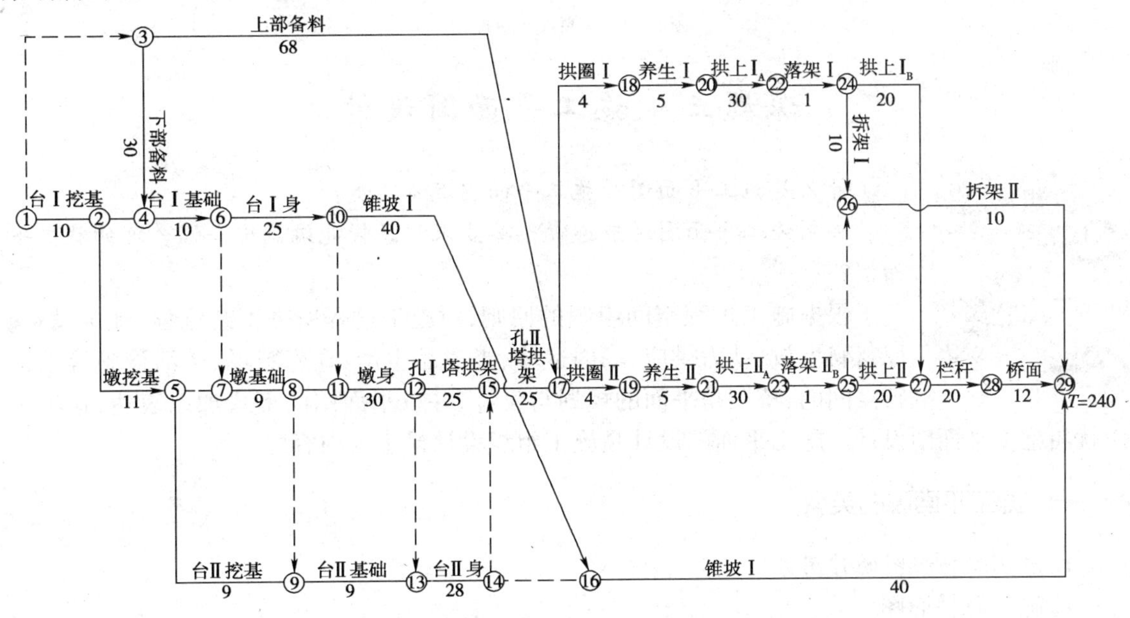

图 5-11　中桥施工网络图

2)施工方法

以人工施工为主,辅以简易吊运机具。各工序的施工方法见图 5-12。

3)施工进度安排

(1)计算网络图(图 5-11)中各工序的时间参数,得到总工期为 240d。

(2)确定各工序的施工日期

经过优化后的施工进度安排如图 5-12 所示。中桥于 1997 年 9 月初开工,至 1998 年 6 月下旬完工,历时 9 个半月,这就是工程总进度图中确定中桥施工进度的依据。

各工序的作业持续时间,是根据现场作业面、合理的劳动组合确定的。因此,在安排施工进度时,除锥坡施工、拱架拆除这两项作业面较宽的工序外,不考虑改变人工数目而变动作业持续时间的调整方法。

编号	工序名称	施工方法	工程量		1997年				1998年					
			单位	数量	9月	10月	11月	12月	1月	2月	3月	4月	5月	6月
1	备料		m^3	5500	50									
2	挖基	机械为主	m^3	560	15									
3	砌基础	人工	m^3	409										
4	砌墩台	人工	m^3	1575		40								
5	拱架	人工	m^3	610					50			25		
6	砌拱圈	人工	m^3	458							50			
7	拱上建筑	人工	m^3	548							50			
8	砌锥坡	人工	m^3	1320				15		25				
9	栏杆、桥面	半机械化	m m^2	160 560									25	
劳动力需要量图(人)					50	65	105			75			25	

图 5-12　中桥施工进度图

课题三　施工平面图设计

什么是施工平面图？施工平面图有哪几类？

编制施工平面图时应遵循哪些要求？怎样能编制出一幅合理的施工平面图？

根据施工过程空间组织的原则，对施工过程所需工艺流程、施工设备、原材料堆放、动力供应、场内运输、半成品生产、仓库料场、生活设施等项进行空间的，特别是平面的规划与设计，并以平面图的形式加以表达，这项工作就叫施工平面图设计。施工平面图设计是施工组织设计最主要内容之一。

一、施工平面图的类型

1. 按施工平面图的作用分

1)施工总平面图

施工总平面图是以整个工程为对象的空间组织的平面设计方案，参见图 5-3 的某道路施工总平面图。

2)单位工程、分部工程、分项工程施工平面图

它是以单位工程或分部、分项工程为对象的空间组织的平面设计方案。如某工程项目中的大桥施工平面图、集中性大型工程施工平面图、附属加工厂施工平面图，基础工程施工平面图、主梁吊装施工平面图等。

2. 按主体工程形态分

1)线型工程施工平面图

公路工程施工平面图是沿路线全长绘制的一个狭长的带状式平面图。线型工程施工平面图一方面要反映地形、地物，如河流、道路、房屋、田地、悬崖、湿地等；另一方面要反映施工组织设计成果，如料场、加工厂、仓库、施工管理机构、临时工程、便道、便桥等。

2)集中型工程施工平面图

集中型工程施工平面图,既可以是施工总平面图,又可以是单项工程或分部、分项工程施工平面图。其总的特点是工程范围比较集中(包括局部线形工程),反映的内容比较深入和具体。如:砂石料场施工平面图、加工厂或预制厂平面布置图、桥隧工程施工平面图等。

二、施工平面图设计的依据、原则和步骤

1.施工平面图设计的依据

(1)工程平面地形图;

(2)主要施工方案和施工进度计划;

(3)各种材料、半成品的供应计划和运输方式;

(4)各类临时设施的性质、形式、面积和尺寸;

(5)水源、电源资料;

(6)其他有关的设计资料。

2.施工平面图设计的原则

施工平面图设计是一项综合性的规划设计,在很大程度上取决于施工现场的具体条件。施工平面图设计一般根据其工程量的大小、工程规模、施工方案和施工工艺等资料,先编绘出工程施工平面总图,然后根据施工的需要再分别编制出分部、分项施工平面图。一般先进行平面规划分区,然后确定生产主体工程和附属工程的位置。

一般地说,平面图设计的具体原则是:

(1)在保证施工顺利的情况下,充分利用原有地形、地物,少占农田,以利降低工程成本;

(2)充分考虑各种自然条件的影响;

(3)场区规划必须按工艺顺序,科学合理;

(4)场内运输应尽量减少物资的运输量和起重量,减少二次搬运和运送距离;

(5)一切设施与布局,要适合施工进度、工艺流程等生产组织的需要;

(6)必须符合安全生产、保安、防火和文明生产的规定和要求。

3.施工平面图设计的步骤

施工平面图设计主要是指单项施工平面图设计,其一般步骤如下:

(1)熟悉和分析有关调查资料。

(2)确定起重、运输机械的位置。它的位置直接影响仓库、材料、混凝土制备等的位置,以及场内运输道路和水电线路的布置等,因此要首先予以考虑。布置固定式垂直运输设备,如井架、门架、桅杆等,主要根据机械性能、建筑物的平面形状和大小、施工段的划分情况、材料来向和已有运输道路情况而定。其目的是充分发挥起重机械的能力并使地面与作业面上的水平运距最小。

(3)确定搅拌站、仓库和材料、构件堆场的位置。搅拌站、仓库和材料、构件堆场的位置应尽量靠近使用地点或在固定式起重机械的范围内,并考虑运输和装、卸料的方便。

(4)确定运输线路。现场主要道路应尽可能利用永久道路,或先建好永久性道路的路基,在土建工程结束之前再铺路面。现场道路布置时注意保证行驶畅通,使运输工具有回转的可能性,因此,运输路线最好围绕施工现场或一条环形道路。对于线形工程,靠近施工现场布设线状临时路线。

(5)布置水电线路。工地使用的临时给水管、供电线应力求布设长度最短。管径的大小

和阀门龙头数量设置需视工程规模大小通过计算确定。给水管道可埋置于地下,也可铺设在地面上。

(6)考虑各种材料、半成品的合理堆放。施工材料、结构构件等放置场地的布置与堆放,由于各专业工程的特点不同,其位置的选择、面积的确定、运输线路的设置也各有所异。材料堆放场地的选择与面积确定应与经济效果联系起来考虑,场地布置过大,增加征地费用,场地过小,给施工带来困难,影响工程进度或造成二次搬运,也会相应增加工程费用。处于施工现场中心位置或主体建筑周围的场地往往是施工中最希望占有的放置场,为了充分发挥这些地段的利用率,宜采取按计划、按步骤、按工艺流程、分期限周转使用进行平衡与布置。结构构件在场外的放置场地,应设在结构安装方向相反的一端,使运输方向与安装方向相反。各放置场地应与装卸作业的起重设备性能相配合,使之设在工作半径之内,以满足操作需要。

根据存放物资的种类、性质、使用条件和技术要求的不同,放置场地及仓库采取三种形式:露天放置场,主要用于砖、瓦、砂、石等大宗地方材料及混凝土、钢结构等构件的存放;遮棚式放置场,主要用于避免雨淋、日晒的物质,如瓷砖、细木加工件、油毛毡、沥青等;封闭式仓库,主要用于存放防止在空气中锈蚀、受潮、变质的各种建筑材料和设备,如水泥、电器材料、焊条、工具等。

(7)布置行政管理及生活用临时设施。确定其位置时,主要应考虑其使用方便,不妨碍施工,并符合防火和保安的要求。

复习思考题

1. 施工方案的内容有哪些?选择施工方法依据是什么?

2. 施工进度图有哪几种?

3. 施工组织设计的基本任务是什么?

4. 施工机械选择的原则是什么?

5. 施工平面图设计的依据是什么?

6. 某现浇轻型桥台的混凝土数量为 $100m^3$,若某施工班有工人20人,搅拌机1台,试计算施工图设计阶段该任务的劳动量及工期。

单元六　公路工程施工管理

应知点

1. 工程施工现场管理的方法和要求；
2. 全面质量管理的概念、任务及基本工作方法；
3. 施工现场质量检查的内容和要求；
4. 工程费用的组成和计算方法、程序及费用支付；
5. 计划管理的任务，计划的分类；
6. 施工作业计划编制的方法、步骤；
7. 技术管理的任务、内容和技术管理制度；
8. 政府监督和工程监理的机构、性质及主要职能。

技能点

1. 施工阶段的进度控制；
2. 工程计量和费用支付；
3. 施工作业计划的编制；
4. 工程任务单的签发。

课题一　工程施工现场管理

什么是施工准备工作？

施工准备工作的目的和任务是什么？

施工准备工作就是为了保证工程顺利开工和施工活动正常进行而事先做好的各项准备工作，包括资源供应、施工方案的选择、空间布置和时间安排等。其目的和任务是为工程的施工建立必要的技术和物质条件，统筹安排施工力量和施工现场，合理分配资源。从而加快施工进度、提高工程进度、降低工程成本、增加经济效益。它是施工过程中的重要环节，不仅存在于开工之前，而且贯穿于整个施工过程之中。

一、施工准备工作的内容

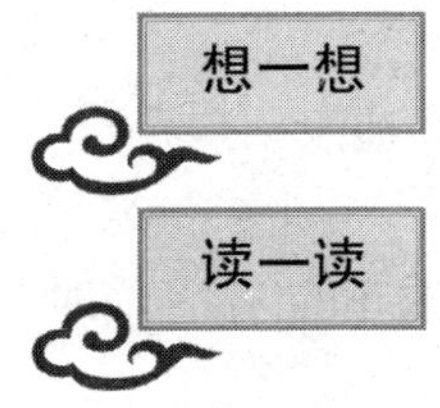

施工准备工作的内容有哪些？各项内容有何关系？

施工准备工作是保证施工顺利进行的关键，应根据施工顺序的先后，有计划、有步骤、分阶段进行。按准备工作的性质和内容包括：技术准备、物质准备、组织准备、施工现场准备和下达作业计划或施工任务书五个方面。

1. 技术准备

(1)熟悉、审核设计图纸和施工图纸及有关资料，并进行现场核对。如检查图纸是否齐全,图纸本身有无错误和矛盾,设计内容与施工条件是否一致,各工种之间搭接配合有否问题等。同时应熟悉有关设计数据、结构特点及土层、地质、水文、工期要求等资料。现场核对时发现设计不合理或有错误,应提出更改设计或修改意见,及时报告工程监理单位和上级主管部门处理审批,根据批复意见进行施工测量、补充图纸。

(2)搜集资料,摸清情况。搜集当地的自然条件资料和技术经验资料,深入实地摸清施工现场情况。

(3)编制施工组织设计和施工图预算。根据设计文件和现场条件、各单位工程的施工程序及相互关系、工期要求以及有关定额等编制施工组织设计和施工预算。

2. 物质准备

材料、构(配)件、机具和设备是保证施工顺利进行的物质基础,这些物质的准备工作必须在工程开工之前完成。根据各种物质的需要量计划,分别落实货源,安排运输和储备,使其满足连续施工的要求。

(1)材料的准备。材料的规格、数量、价格、运输和储备要根据施工需要确定,其要点是:品质合格、数量充足、价格低廉、运输方便、不误使用。在保证材料品质的前提下,本着就地取材的原则,广泛调查料源、价格、运输道路、工具和费用等,做好技术经济比较,择优选用,同时根据使用计划组织进场。

(2)机具设备的准备。施工单位根据现有装备的数量、质量情况和工程计划,确定施工机械的类型、数量和进场时间,分期分批地组织进场。其中需要维修、租赁和购置的,应按计划落实,并要适当留有备份,以保证施工的需要。注意避免因准备不充分或计划不落实而造成浪费。

(3)构(配)件加工准备。施工单位根据施工预算提供的构(配)件的名称、规格、质量和消耗量,确定加工方案和供应渠道以及进场后的储存地点和方式,并按计划落实。

3. 组织准备

(1)健全、充实、调整施工组织机构,合理分工,密切配合,各负其责。

(2)建立精干的施工队伍,合理组织劳动力。开工前必须落实劳力来源,按开工日期和劳动力计划适时组织进(退)场,以保证顺利开展施工、按期完成任务,避免停工或窝工浪费。同时做好安全、防火和文明施工教育,安排好职工生活。

(3)进行计划、技术和安全交底。开工前应向施工队、班组和工人进行施工组织设计、计划和技术交底,以明确任务,分工协作,责任到人。交底工作应逐级进行,由上而下直到班组、工人。交底的方式有书面形式、口头形式和现场示范形式等。

(4)建立健全各项管理制度。这是各项施工活动顺利进行的基本保证。

4. 施工现场准备

施工现场准备工作主要是为工程的施工创造有利的施工条件和物质保证。具体内容包括:

(1)搞好"四通一平"。"四通一平"是指路通、水通、电通、通信息和平整场地。

(2)做好控制网、水准点、标桩的测量及施工放样。

(3)建造临时设施。按照施工总平面图布置,准备好生产、办公、生活、居住和储存等临时用房。

(4)建立工地实验室,进行各种建筑材料和土质试验,为施工提供可靠依据。

(5)做好冬季、雨季和高温季节施工准备工作。

5. 下达作业计划或施工任务书

(1)明确工程项目、工程数量、劳动定额、计划工日数、开工和完工日期,质量和安全要求。

(2)印发小组记工单、班组考勤表。

(3)分配限额领料卡。

以上准备工作就绪后,填写开工申请报告,经有关部门批准后即可开工。

为了提高施工准备工作的质量、加快施工准备工作的速度,必须加强建设单位、设计单位和施工单位之间的协调工作,建立健全施工准备工作的责任制度和检查制度,使施工准备工作有领导、有组织、有计划和分期分批地进行,并贯穿施工全过程的始终。

二、施工阶段进度控制

施工阶段进度控制方法有哪些?

施工阶段进度控制主要任务是什么?

采取哪些措施进行工程进度控制?

施工项目进度控制的目的在于按合理工期组织施工,保证按合同规定的工期交工。

1. 施工项目进度控制的任务

施工项目进度控制的主要任务是逐层编制施工总进度计划、单位工程施工进度计划、分部分项工程施工进度计划,以及季度、月(旬)作业计划,并控制其执行,按期完成相应工程的施工任务,达到规定的目标。

2. 施工项目进度控制的方法

施工项目进度控制方法主要是规划、控制和协调。规划是指确定施工项目总进度控制目标和分进度控制目标,并编制其进度计划。控制是指在施工项目实施的全过程中,进行施工实际进度与施工计划进度的比较,出现偏差及时采取措施调整。协调是指协调与施工进度有关的单位、部门和工作队组之间的进度关系。

实际施工时通常利用横道图和网络图进行工程进度管理和控制。

(1)横道图控制法。带进度曲线(S形曲线)或管理曲线(香蕉线)的横道图(图6-1)便于把实际施工进度与计划进度相比较,根据曲线的斜率大小来判断工程进度的快慢。若实际工程进度超出管理曲线的安全范围,就要采取措施进行调整。

(2)网络图控制法。在网络图中检查各工序的实际作业时间与计划时间的偏差,在不影响总工期的前提下,通过调节施工力量和资源供应、改进施工技术等方法对工程进度进行调整和平衡。

3. 施工项目进度控制的措施

施工项目进度控制采取的主要措施有组织措施、技术措施、合同措施、经济措施和信息管理措施等。

组织措施主要是指落实各层次的进度控制的人员,具体任务和工作责任;建立进度控制的组织系统;按施工进度及合同要求确定其进度目标,建立控制目标体系;确定进度控制工作制度,如检查时间、方法、协调会议时间、参加人等;对影响进度的因素分析和预测。

技术措施主要是采取加快施工进度的技术方法。

合同措施是指对承包单位签订施工合同的合同工期与有关进度计划目标相协调。

经济措施是指实现进度计划的资金保证措施。

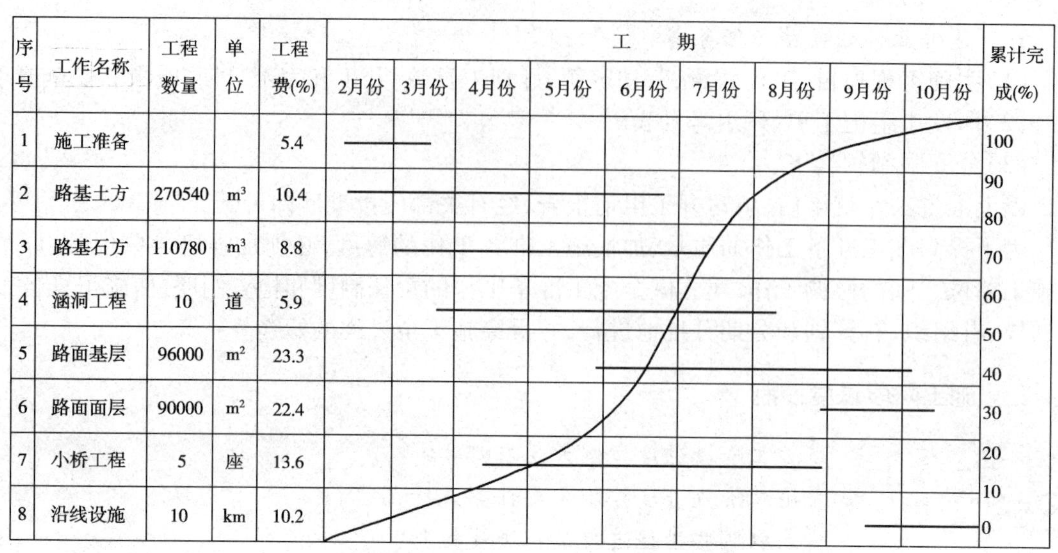

序号	工作名称	工程数量	单位	工程费(%)	工期									累计完成(%)
					2月份	3月份	4月份	5月份	6月份	7月份	8月份	9月份	10月份	
1	施工准备			5.4										100
2	路基土方	270540	m^3	10.4										90
3	路基石方	110780	m^3	8.8										80 70
4	涵洞工程	10	道	5.9										60
5	路面基层	96000	m^2	23.3										50 40
6	路面面层	90000	m^2	22.4										30
7	小桥工程	5	座	13.6										20
8	沿线设施	10	km	10.2										10 0

图6-1　带工程进度曲线的横道图

信息管理措施是指不断地收集施工实际进度的有关资料，进行整理统计与计划进度比较，定期地向建设单位提供比较报告。

课题二　工程质量管理

什么是产品质量？有何特点？

什么是全面质量管理？其工作任务及基本工作方法是什么？

一、全面质量管理的概念

1. 产品质量

公路工程构造物及公路施工的半成品等统称为公路工程产品。公路工程产品的规格和功能千差万别，所以具体的产品都有具体的质量标准。

1）工程（产品）质量

产品质量是产品本身具备的自然属性，区别了不同产品的不同用途，满足了人们的不同需要。人们根据这些属性能否满足人们的需要以及满足的程度来衡量产品质量的好坏。

人们对质量的要求统称为质量特性，公路工程的质量特性可以概括为以下五个方面：

（1）适用性，即工程适合使用的性能。它反映工程内在质量（如强度、稳定性等）和外观质量（如宽度、厚度、平整度等）。

（2）寿命。指工程或产品能使用的期限。

（3）可靠性。指工程或产品在使用时的耐用程度。

（4）安全性。指工程或产品在使用期内对人身及环境有无危害。

（5）经济性。指效率高、成本低、养护费用少。

产品质量的好坏，是依据质量标准来判断的，达到质量标准的产品称“合格品”，未达到质量标准的产品称“次品”或“废品”。通常，凡是“合格品”就认为产品的质量是好的。

2）工作质量

工作质量是指生产部门为了达到产品质量标准所做的管理工作、技术工作、组织工作的完善程度及其所具有的生产力水平的客观反映。统计上一般用“合格品率”、“废品率”和“工作效率”等来反映产品的工作质量。

产品质量与工作质量之间既有区别，又有联系。工程质量在一定程度上是工作质量的反映，而工作质量又是工程质量的保证。在质量管理中，既要抓改进产品质量，又要抓好工作质量。

3）产品质量的形成过程

工程质量形成于生产过程的全过程。公路工程产品质量的形成包括勘测、设计、施工、辅助和养护等生产过程。其质量主要取决于勘测设计质量和施工质量。

2. 全面质量管理的概念

全面质量管理就是以质量为中心，建立在全员参与基础上的一种全过程的管理方法，包括企业方针、目标的制订和实施，质量策划、质量控制、质量改进等管理的全部活动。也就是说，企业的质量管理包括了企业的全部质量工作，称之为“全面质量管理”，简称为 TQC（Total Quality Control）。全面质量管理包含着三个基本思想：

1）是全面质量的管理

全面质量管理中的“质量”既包括产品（工程）质量，又包括人的工作质量。在施工过程中原材料质量是否符合标准，操作人员是否认真遵守施工规范、操作规程，工程质量是否按照规定标准验收，各项管理工作是否严格、规范等，都直接关系着工程质量的优劣，这就是全面质量管理的“全面性”。

2）是全过程的管理

一项工程由开始施工到工程竣工、交付使用的全部施工过程中，都存在着影响产品质量的因素，应及时采取措施，进行预防性质量控制，这应贯穿于整个施工的全过程。

3）是全员的管理

企业中的每一个人都直接或间接地与生产质量有关系，每个人都要在自己的工作中去发现与产品质量有关的因素或特点，进而在其他人的工作中把与产品质量有关的部分协调起来，各负其责，这样才能提高产品质量。这就要求全体人员在不同岗位上参与质量管理。

3. 全面质量管理的任务

1）建立质量保证体系

质量保证体系是指为保证产品或服务能满足规定的质量要求，所提供的组织结构、职责、工作程序、质量过程和资源等。对企业而言，要有明确的质量保证规划；要有管理体系的全部活动；要有明确的组织机构和职责分工；要有保证方针、目标实现的各类标准；要有较完善的信息传递反馈系统；要有组织外协单位的质量保证活动。

2）建立质量管理责任制

明确各部门、职工在工程质量方面和工作质量中的具体任务、责任、权利。做到事事有人，人人有专责，办事有标准，工作有检查。

3）质量管理的组织、协调和平衡

4）做好质量管理的基础工作

施工企业实行全面质量管理，必须做好一系列的基础工作，具备一系列基本条件、基本手段和基本制度。它包括开展质量管理全员教育、建立群众性的质量管理小组、搞好标准化工作（技术标准、管理标准、工作标准的制定、实施和考核）、做好原始记录和质量信息工作、搞好质量管理的计量工作等。

全面质量管理与企业标准是相互联系、相辅相成的。国际标准化组织(ISO)在1987年发布了ISO9000《质量管理和质量保证》系列标准,我国技术监督局于1988年颁发了相应的《质量管理和质量保证》(GB/T 19000—88)系列标准。这对进一步完善企业的质量保证体系,巩固和深化全面质量管理,促进质量管理的规范化、国际化,提高质量管理水平产生了积极的作用。

4. 质量保证体系的工作内容

公路施工产品质量的形成过程,一般可分为勘测过程、设计过程、辅助过程、施工过程、使用过程等五个过程。五个过程之间的相互关系和各自在保证工程质量方面的作用、地位,如图6-2所示。

质量保证,就是前一过程应做好本过程的质量保证,并对下一过程的质量要求和保证起到预防、控制作用。

质量反馈,就是质量形成的逆过程,凡发现上一过程质量问题,应及时反馈并请示处理。

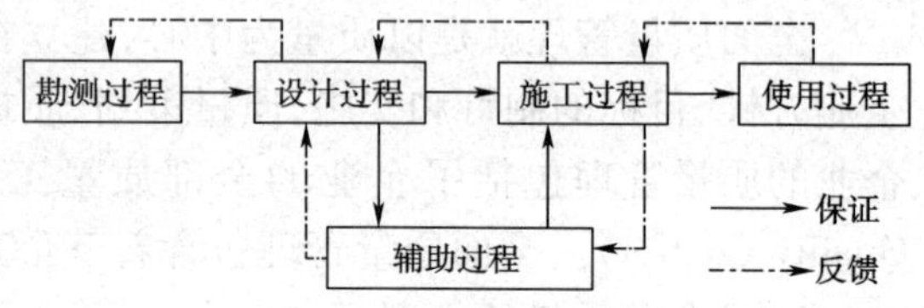

图6-2　五个过程的关系

质量保证体系的工作内容,就是通过必要的制度、手段和方法,把公路建设从勘测、设计、辅助、施工、使用等影响工程质量的一切因素控制起来,使质量管理工作贯穿于公路建设的全过程。

5. 全面质量管理的基本工作方法

全面质量管理的基本方法,可以概括为:一个过程、四个阶段、八个步骤、七种工具。

1)一个过程

所谓一个过程,就是指全面抓好工程质量,形成有关的从规划、勘测、设计、施工、辅助到使用等各个阶段的质量管理。

2)质量管理的四个阶段

全面质量管理是科学的管理,它通过计划(Plan)、实施(Do)、检查(Check)、处理(Action)四个阶段的不断循环来完成管理工作。

第一个阶段是计划,包括方针与目标、活动计划和实施管理要点等;第二个阶段是实施,即按计划的要求去做;第三个阶段是检查,即计划实施之后要进行检查,看看实施效果,再进一步找出问题;第四个阶段就是处理,把成功的经验加以肯定,形成标准,总结失败的教训,避免重犯,没有解决的问题,反映到下期计划。这种关系如图所6-3所示。

在运用PDCA循环时,应注意以下几个问题:

(1)一定要按顺序形成一个循环,不断地让它运转起来,如图6-4所示。

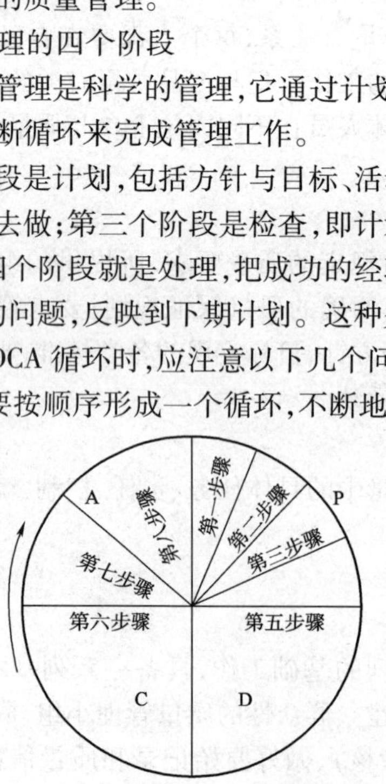

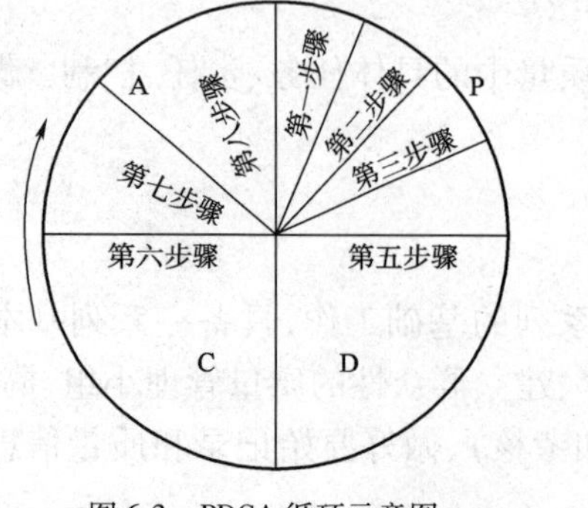

图6-3　PDCA循环示意图

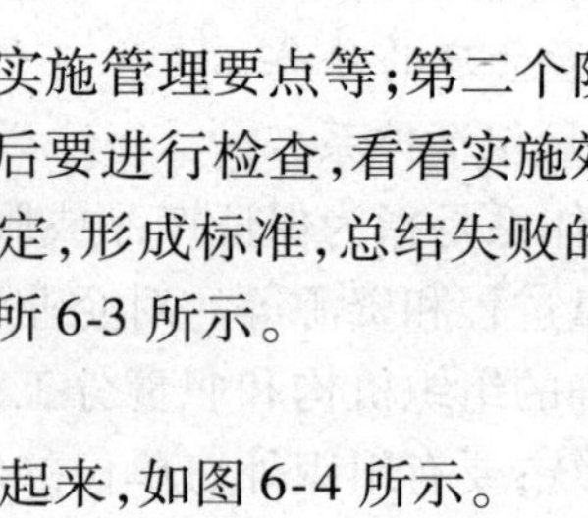

图6-4　不断循环

(2)整个企业是一个大循环，各级、各部门管理都有各自的 PDCA 循环。通过大环套小环，大小一起转，一层一层解决问题，如图 6-5 所示。

(3)四个阶段要周而复始，而每一次 PDCA 循环，到达 A 阶段都要及时总结，提出新的内容与目标，再进入第二次循环。即循环一次，改善一次，提高一步，如同爬楼梯一样，如图 6-6 所示。

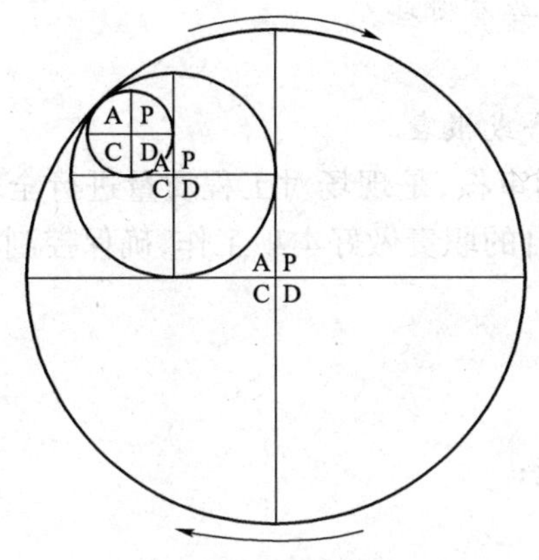

图 6-5　大环套小环

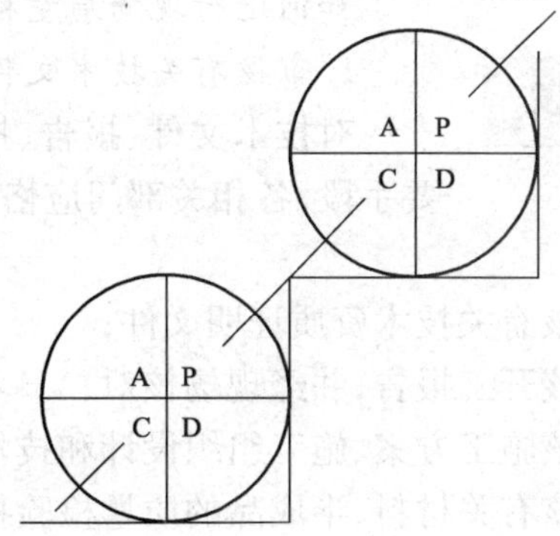

图 6-6　爬楼梯

(4)在计划阶段必须明确以下几个方面：

①必要性(Why)。为什么要有计划。

②地点(Where)。计划要落实在哪些部门。

③目的(What)。计划要达到什么目的。

④期限(When)。计划什么时候完成。

⑤承担者(Who)。计划具体由谁来执行。

⑥方法(How)。如何执行计划。

(5)循环的关键在于 A(处理)阶段，"处理"就是总结经验、肯定成绩、纠正错误。对成绩要加以"标准化"、"制度化"，对错误要采取纠正措施，避免再犯。

3)解决和改进质量问题的八个步骤

为了解决和改进质量问题，通常把 PDCA 循环进一步具体化为八个步骤，见图 6-3。

(1)分析现状，找出存在的质量问题；

(2)找出产生质量问题的各种原因或影响因素；

(3)找出影响质量的主要因素；

(4)根据影响质量的主要因素，制订措施，提出行动计划，并预计效果；

(5)执行措施或计划；

(6)检查采取措施后效果，并找出问题；

(7)总结经验，制订相应的标准或制度；

(8)提出尚未解决的问题。

以上(1)、(2)、(3)、(4)四个步骤就是"计划"阶段；(5)是"实施"阶段；(6)是检查阶段；(7)、(8)两个步骤就是"处理"阶段。这八个步骤中，需要利用大量的数据和资料，才能作出科学的分析和判断，对症下药解决问题。

4)全面质量管理常用的七种工具

在全面质量管理中，应用的统计方法很多，常用的主要有七种统计方法(或称为七种工具)。属于一般统计方法的有:排列图、因果分析图、分层法、调查表法。属于数理统计方法的有:直方图、管理图、相关图。其具体内容参阅相关书籍。

二、施工现场质量控制

施工项目质量控制方法主要有哪些?

如何进行现场质量检查?

1. 审核有关技术文件、报告或报表

对技术文件、报告、报表的审核,是现场对工程质量进行全面控制的重要手段,各相关部门应恪守各自的职责做好本项工作,确保控制有效。其具体内容有:

(1)审核有关技术资质证明文件;

(2)审核开工报告,并经现场核对;

(3)审核施工方案、施工组织设计和技术措施;

(4)审核有关材料、半成品的质量检验报告;

(5)审核反映工序质量动态的统计资料或控制图表;

(6)审核设计变更、修改图纸和技术核定书;

(7)审核有关质量问题的处理报告;

(8)审核有关应用新工艺、新材料、新技术、新结构的技术鉴定书;

(9)审核有关工序交接检查,分项、分部工程质量检查报告;

(10)审核并签署现场有关技术签证、文件等。

2. 施工现场质量检查

现场进行质量检查的方法有测量、试验、观察、分析、监督、总结等。

(1)开工前的检查。目的是检查是否具备开工条件,开工后能否连续正常施工,能否保证工程质量;

(2)工序交接检查。对于重要的工序或对工程质量有重大影响的工序,在自检、互检的基础上,组织专职人员进行工序交接检查;

(3)隐蔽工程检查。凡是隐蔽工程均应检查认证后方能掩盖;

(4)停工后复工前的检查。因处理质量问题或某种原因停工后需复工时,也应经检查认可后方能复工;

(5)分项、分部工程完工后,应经过检查认可,签署验收记录后,方可进行下一工程项目的施工;

(6)成品保护检查。检查成品有无保护措施,或保护措施是否安全可靠;

(7)巡视检查。对施工操作质量进行巡视检查,必要时进行跟踪检查。

课题三　工程计量与费用支付

工程费用的组成有哪些?

如何进行工程的计量和支付?

费用支付包括哪些程序?

读一读

一、工程费用组成

工程费用包括建筑安装工程费(直接费、间接费、利润和税金)、设备、工具及家具购置费(包括设备、工具、器具购置费和办公及生活用家具购置费)、工程建设其他费用(包括土地征用及拆迁补偿费、建设项目管理费、研究试验费、前期工作费、专项评价费、施工机构迁移费、供电贴费、联合试运转费、生产人员培训费、固定资产投资方向调节税、建设期贷款利息)。其中主要计算和计量的是建筑安装安装工程费,其他费用可根据工程具体情况和当地的规定确定是否计算。

1. 直接费

直接费由直接工程费和措施费组成。

(1)直接工程费。是指施工过程中耗费的构成工程实体的各项费用,包括人工费、材料费、施工机械使用费。

①人工费。是指直接从事建筑安装工程施工的生产工人开支的各项费用。

②材料费。是指施工过程中耗费的构成工程实体的原材料、辅助材料、构配件、零件、半成品的费用。包括:材料原价(或供应价格)、材料运杂费、运输损耗费、采购及保管费、检验试验费等。

③施工机械使用费。是指施工机械作业所发生的机械使用费以及机械安拆费和场外运费。施工机械台班单价由折旧费、大修理费、经常修理费、安拆费及场外运费、人工费、燃料动力费及养路费及车船使用税等七项费用组成。

(2)其他工程费。是指直接费以外施工过程中发生的直接用于工程的费用,以及为完成工程项目施工,发生于该工程施工前和施工过程中非工程实体项目的费用。包括内容:冬季施工增加费、雨季施工增加费、夜间施工增加费、特殊地区施工增加费、行车干扰工程施工增加费、安全及文明施工措施费、临时设施费(如生产、生活房屋及临时设施、临时道路等的费用)、施工辅助费(生产工具使用费、检验试验费、工程定位复测费、场地清理费)、工地转移费等。

2. 间接费

间接费由规费、企业管理费组成。

(1)规费。是指政府和有关权力部门规定必须缴纳的费用(简称规费)。包括:社会保障费(养老保险、失业保险、医疗保险)、住房公积金、工伤保险费等。

(2)企业管理费。是指建筑安装企业组织施工生产和经营管理所需费用。企业管理费由基本费用、主副食运费补贴、职工探亲路费、职工取暖补贴和财务费用五项组成。

①基本费用。包括管理人员工资、办公费、差旅交通费、固定资产使用费、工具用具使用费、劳动保险费、工会经费、职工教育经费、财产保险费、工程保修费、工程排污费、税金及其他(如技术转让费、技术开发费、业务招待费、绿化费、广告费、投标费、公证费、定额测定费、法律顾问费、审计费、咨询费)等。

②主副食运费补贴。指企业在远离城镇及乡村的野外施工购买生活必需品所需增加的费用。

③指按照有关规定施工企业职工在探亲期间发生的往返车船费、市内交通费和途中住宿费等费用。

④职工取暖补贴。指规定发放给职工的冬季取暖费或在施工现场设置的临时取暖设施的费用。

⑤财务费用。指施工企业为筹集资金而发生的各项费用。

3. 利润

利润是指施工企业完成所承包工程获得的盈利。

4. 税金

税金是指国家税法规定的应计入建筑安装工程造价内的营业税、城市维护建设税及教育费附加等。

二、工程项目计量

1. 工程计量的条件

工程计量一方面是准确地测定和计算已完工程的数量,另一方面也是对已完工程进行综合评价。因此对进行计量的工程必须满足以下条件:

1)计量的项目应符合合同要求

(1)工程量清单中的工程项目全部需要计量;

(2)清单以外的合同中规定的项目也必须根据合同条件进行计量;

(3)工程变更项目要附有变更清单,并按合同有关要求进行计量。

2)质量必须达到合同规范标准的要求

3)验收手续必须齐全

对一项工程或一道工序的验收应有以下资料和手续:

①监理工程师批准的开工申请单;

②承包人自检的各种资料和试验数据,且试验频率符合合同规定;

③监理工程师检验的各种试验数据;

④中间交工证书。

2. 工程计量的依据

工程计量的依据主要有质量合格证书、工程量清单和技术规范、工程设计图纸。

3. 工程计量程序

1)工程计量的组织类型

(1)监理工程师独立计量。计量工作由监理工程师独立承担,然后将计量的记录送承包人,承包人对计量有异议,可在14天内以书面形式提出,再由监理工程师对承包商提出的质疑进行复核,并将复议后的结果通知承包人。

(2)承包人进行计量。由承包人对已完的工程进行计量,然后将计量的记录及有关资料报送监理工程师核实确认。

(3)监理工程师与承包人共同计量。在进行计量前,由监理工程师通知承包人计量的时间与工程部位,然后由承包人派人同监理工程师共同计量,计量后双方签字认可。

2)工程计量的程序

(1)驻地监理工程师对工程的计量。对于签发中间交工证书的工程项目,首先由监理人员通知承包人计量的时间,并作好有关的计量准备工作。采用监理工程师与承包人共同计量的方式,一般由监理工程师与承包人委派的计量支付负责人组成一个计量小组,小组人员按通知的时间到现场进行计量,然后将计量的记录(中间计量表)及有关资料报监理工程师核对确认,经监理工程师确认的中间计量表,作为中期支付的依据。

(2)高级驻地监理工程师对计量结果的审查。包括两个方面:一是计量的工程质量是否达到合同标准;二是计量的过程是否符合合同条件。

(3)总监理工程师代表处对工程计量项目的审定。在审定过程中有权对计量的工程项目的质量进行抽检,抽检不合格的项目不予计量,对计量过程有错误的项目进行修正或不予计量。只有经总监理工程师审查批准的工程项目,才予以支付工程款项。

4. 工程计量方法

1)计量的时间要求

根据合同规定监理工程师应及时对已经完成且质量合格的工程细目进行计量,并且对一切进行中的工程均需每月粗略计算一次,到该部分工程完工后再根据规范的条款进行精细的计量。对于隐蔽工程则需要在工程覆盖之前进行计量。

2)计量单位与精度

计量单位分两类,一类是物理计量单位,另一类是自然计量单位。物理计量单位以公制计量,如长度常用米、延米、千米、公里,面积常用平方米、千平方米、公顷,体积常用立方米、千立方米,质量常用克、千克、吨。自然单位通常采用十进制自然数计算,常用个、片、座、株。各细目的计量单位必须以工程量清单中所用单位一致。

计量精度一般四舍五入至小数点后恰当的位数,不同的工程细目有不同的规定。

3)计量的方法

(1)断面法。主要用于计量取土坑和路基土方的计量。

(2)图纸法。根据计量支付条款的规定部分工程的数量根据图纸法进行计量。如混凝土的体积、钢筋的长度、钻孔灌注桩的桩长等。

(3)钻孔取样法。主要用于道路面层结构的计量,但必须保证结构层的设计厚度。

(4)分项计量法。就是根据工序或部位将一个项目分解成若干子项,对完成的子项进行计量支付。子项计量支付的金额根据估算的子项占总项的比例而定。

(5)均摊法。就是对清单中合同价格按合同工期每月平均计量。它适用于临时道路、桥梁的维修和养护,办公室的维修以及测量设备的保养等清单项目。

(6)凭证法。就是根据合同中要求承包人提供的票据进行计量支付。例如工程险和第三者责任险的保险费,以承包人每次实际支付费用的凭证或单据进行计量支付。

(7)估价法。就是按合同文件的规定,根据监理工程师估算的已完成的工程价值支付。

三、工程费用支付

1. 工程费用支付的原则

工程费用支付是工程费用管理的关键工作之一,同时也是业主和监理工程师控制施工活动的最后一个环节。费用支付的目标是组织和协调好业主和承包人之间的收支行为,使双方发生的每一笔工程费用都符合合同的规定,并做到公平合理。做好这项工作必须遵守以下原则:

(1)支付必须以工程计量为基础。

(2)支付必须以技术规范和报价单为依据。

(3)支付必须及时。

(4)支付必须以日常记录和合同条款为依据。

(5)支付必须遵循严格的程序。

2. 工程费用支付的程序

1)中期支付程序

(1)中期支付申请。承包人应通过监理工程师提出付款申请。申请的形式是填报月报表或月结账单。

(2)中期支付申请的审定。监理工程师应在合同规定的时间内对承包人的付款申请以下方面的审定:申请的格式和内容应满足合同要求;各项资料、证明文件手续齐全;所有款项计算与汇总无误。

(3)《中期支付证书》的签发。监理工程师审核并修正承包人的支付申请后,将需要扣留的保留金和扣回的预付款从承包人月报表中应得的金额中扣除,计算付款净金额,签发"中期支付证书"。

2)最终支付程序

(1)最终支付申请。承包人在合同规定的时间内向监理工程师提交最终支付申请。

(2)最终支付申请的审定。申请的格式和内容应满足合同规定及监理工程师的要求;相应的系列结算清单,必须齐全、完整,相互关系清晰;相应的系列证明资料有监理工程师的签字认可;确认所有的计量与支付均没有遗漏、重复,计算准确,汇总无误;审查中发现还有能够确认的费用,应及时通知承包人,并要求其提供所需的进一步资料与证明。

(3)签发《最终支付证书》。监理工程师应按合同的规定审核承包人的最终支付申请,向业主签发《最终支付证书》,并将副本抄送承包人。

课题四　计划管理

什么是计划管理?计划的类型有哪些?

如何编制施工作业计划?

企业计划管理,就是用计划来组织和调节企业生产、技术、经营活动的一项综合性管理工作。它是企业根据对现状的认识,确定未来一段时间内应达到的目标,筹划安排并组织实施的一系列活动的总称。

一、计划管理的任务

(1)制订企业的长远规划。就是在科学预测的基础上,提出长期的生产和经营目标,拟订主要技术经济指标应达到的水平以及企业的发展方向、发展规模和发展速度等战略性决策,从而制定企业的长远发展规划。

(2)编制、执行、检查企业的年、季和月计划。根据上级下达的任务以及施工企业自行承担的施工任务,结合本企业的施工能力,编制企业的年度、季度生产、经营计划和月生产作业计划,使企业内部各生产环节和外部经营活动在计划指导下,协调地进行,实行有节奏均衡施工,以保证完成和超额完成企业的施工建设任务。

(3)做好计划的综合平衡和优化工作,合理使用人力、物力和财力,努力提高企业综合经济效益。

(4)在计划实施过程中,进行控制和调节,消除计划执行中的薄弱环节,协调影响计划的各种因素,保证计划按期实现。

(5)做好计划执行情况的检查和分析工作,总结经验及教训,及时反馈,及时调整和改进,不断提高计划管理水平。

二、施工企业计划的分类

施工企业计划一般按时间长短分为长远计划、年度或季度计划、施工作业计划(月、旬、日计划)三种。

1. 长远计划

企业根据社会生产的要求,确定本部门的发展方向,制定长远发展规划。它是企业在科学预测的基础上,提出长期的生产和经营目标,拟定主要技术经济指标应达到的水平以及企业的发展方向、发展规律、发展速度等战略性决策,从而制定企业的长远发展规划。

2. 年度施工计划

一般包括:建筑安装工程计划、机械化施工计划、劳动与工资计划、材料供应计划、技术组织措施计划、降低成本计划、财务计划、附属企业辅助生产计划等。

3. 季度施工计划

这是年度计划的具体化安排,它是年度计划与月生产作业计划之间一个过渡性计划。其编制方法与年度计划相似,一般要求编制各种计划表,见表6-1。

季度生产技术财务计划表目录 表6-1

顺序	名称	表号	主编部门
1	季度建筑安装工程进度计划	季施计01表	工程计划
2	附属与辅助生产计划	季施计02表	工程计划
3	筑路机械、车辆大中修计划	季施计02表附表	设备
4	季度工程需用材料供应计划	季施计03表	材料
5	季度施工机械需要量计划	季施计04表	设备
6	运输工具需要量计划	季施计05表	设备

4. 施工作业计划

施工作业计划可分为月作业计划和旬作业计划。

(1)月作业计划的具体内容

①建筑安装工程进度计划;

②附属于辅助生产计划;

③施工机械、车辆中修计划;

④劳动力需要量平衡计划;

⑤工程需用材料供应计划;

⑥施工机械、车辆使用调配计划;

⑦财务收支计划。

(2)旬作业计划的具体内容

①建筑安装施工指示图;

②附属辅助生产指示图。

三、施工作业计划编制的方法和步骤

作业计划由于是施工年、季度计划的具体化,计划期短,计划的可靠性高,编制时应符合施工计划的要求,资源利用均衡。编制步骤如下:

(1)根据季度计划指标,结合上月实际进度,制定本月施工项目分部和细目的初步计划指标。

(2)根据施工组织设计和本月计划初步指标,计算施工项目相应部位的实物工程量和工作量、劳动力、材料、设备计划数量。

(3)根据以上计算结果结合施工组织条件进行平衡,明确本月施工项目中的分部、分项或细目的正式指标。

(4)根据已确定的本月生产计划指标,及施工组织设计进度计划中相应项目,编制月建安工程进度计划。

(5)各主编部门按分工和业务分别编制各种月作业计划。

(6)月作业计划批准后,则可以编制旬(半月)建安工程指示图和旬(半月)附属辅助生产指示图。

(7)根据月(旬)生产作业计划所落实的各班(组)施工任务,签发"工程任务单",并下达到各作业班(组)。

四、工程任务单

工程任务单是基层施工单位向施工班组下达施工任务的计划技术文件,也是基层统计报表、核算各项工作的原始记录凭证,是施工班组进行施工活动的依据,是考核班组任务情况、计算报酬的依据。

施工任务单的内容一般包括:

(1)工程任务单。包括施工项目、工程数量、劳动定额、计划工数、计划单价、施工期限、质量及安全要求等(表 6-2)。

(2) 记工单。是班组考勤记录,实行按劳分配和进行奖励的依据(表 6-2)。

工程任务单(正面) 表 6-2a)

工程项目: 签发日期: 年 月 日 单号:

定额编号	工程细目	计量单位	工程数量	时间定额(工日)	劳动量(工日)	计件单价(元)	合计金额(元)	备注
				合计工	合计工			
1	2	3	4	5	6	7	8	9
合计								
要求开、竣工日期			质量评定意 见					

签发单位: 签发人: 接受单位: 接受人:

工时记录(背面) 表 6-2b)

姓名	下料等级	出勤情况(日期)											合计		备注
													工时	折成工日	
总计															

(3)限额领料单。是班组领、退材料的凭证,也是考核材料节约或超支的依据(表6-3)。

限额领料卡

表6-3

工程项目:　　　　　年　月　日　　　　工程任务单号:

序号	工程细目	单位	数量	材料名称								备注
				定额	数量	定额	数量	定额	数量	定额	数量	
甲	乙	丙	1	2	3	4	5	6	7	8	9	10

施工任务单由施工员根据批准的月(旬)作业计划和定额进行签发和验收,一般步骤为:

(1)施工员根据月(旬)施工作业计划,按拟定的施工方案和有关部门资料,按工程细目,结合班组的人工、机械等情况填写各班组施工任务单。

(2)施工任务单经队长批准后,由施工员向各班组下达并进行全面的技术交底,做到任务明确,责任到人。

(3)各班组完成任务后,应进行自检。施工员、定额和质量检验员在班组自检的基础上,及时验收工程质量、数量,核定实耗工日数,计算定额完成情况。

(4)施工队劳资部分将经过验收的施工任务单回收,进行汇总核实,作为结算工资,颁发奖金的依据。

课题五　技术管理

技术管理的任务和内容是什么?

技术管理制度主要包括哪些内容?

一、技术管理的任务和内容

1. 技术管理的任务

(1)大力开展科学研究,不断提高生产的现代化;

(2)合理组织施工企业一切技术工作,保证生产的顺利进行;

(3)通过技术管理,提高企业的经济效益,促进管理现代化。

2. 技术管理的内容

(1)贯彻和执行国家各项技术政策、技术标准、技术规范和技术规程;

(2)收集、整理和完善技术信息的工作;

(3)研究、开发和使用新产品、新技术、新工艺、新材料、新设备;

(4)建立、健全各项技术管理制度;

(5)建立和健全完整的技术档案、技术资料、专利技术;

(6)环境保护和综合利用;

(7)产品质量监督与管理工作;

(8)技术发展和挖潜、革新、改造的规划及其他技术管理工作。

二、技术管理制度

技术管理制度是施工企业技术管理的具体体现,主要包括:

1. 技术责任制

为实现技术管理的任务,明确施工中的技术责任,必须建立各级技术领导。一般在工程局或总公司设总工程师,工程处、室设主任工程师,施工队设技术队长,实行岗位责任制,使各级技术员各有专职、各司其职、有职有权有责任,充分发挥技术人员的积极性和创造性。

2. 现场核对和施工准备制度

施工单位在接受承包合同后,应参加由建设单位(业主)安排的、由业主、监理和施工单位等参与的正式现场考察,全面详细了解工地及其周围的社会环境、经济、自然条件等情况,对设计图纸中的疑点和存在的问题作现场核对。根据考察结果,结合设计文件和业主要求,提出开工前准备工作原则,修改施工组织设计,进行变更设计及调整工程造价。

3. 图纸会审制度

图纸会审是一项及其严肃和重要的技术工作,施工前必须认真会审设计文件、图纸,以及早发现和解决设计中存在的问题,保证和提高工程质量。一个工程项目必须在全部文件图纸审核合格后才允许正式开工。

4. 技术交底制度

技术交底就是,使全体职工在施工前明确所担负的工程任务的特点、技术要求、施工工艺等,以便有计划、有组织地完成施工任务。其主要内容包括:工程数量、施工期限、施工设计意图、施工工艺、规范要求、质量标准及技术安全措施等。对重点工程、重点部位、特殊工程以及新结构、新工艺、新材料的工程,更须作详细的技术交底。

5. 变更设计制度

工程施工设计文件,在施工过程中,原则上不得任意变更。如果在施工过程中发现原设计不能保证工程标准和质量,或施工条件、材料规格、品种、质量不能完全符合设计要求,需要变更施工设计时,应编制变更设计文件或变更设计报告,报建设单位、设计单位和监理工程师审核同意方可变更,并做好书面记录。

6. 工程验收制度

工程验收是检查工程质量的重要环节,在施工过程中,除了按有关质量标准逐项检查操作质量外,还必须对隐蔽工程、分项工程及竣工工程进行工程验收,评定质量等级,办理验收手续,并作出竣工决算。

7. 工程监理制度

工程监理就是对工程项目投资建设进行科学的监督和管理,包括对工程项目投资决策的监理和项目实施阶段对施工单位的施工活动进行监理。其目的在于确保工程项目的建设水平和投资效益,是优化工程设计、强化质量管理,控制工程造价,提高投资效益及施工管理水平的有效方法。

8. 技术档案制度

为满足验收和项目完工后的合理使用、维护、改建和扩建的需要,施工企业必须按规定建立工程技术档案,包括设计图纸、说明书、计算书、施工组织设计、施工日记、原始资料、材料试验、事故处理资料、图表照片、竣工图标、验收资料、重要往来信件等。

课题六　政府监督和工程监理

政府监督的职能是什么？

施工中的工程质量监理方法有哪些？其程序如何？

在工程建设过程中，工程质量监督机构与工程监理企业有不同的职责。质量监督机构受政府委托，侧重于在工程建设过程中对参建各方主体行为和工程重要部位及使用功能进行监督，而社会监理是受业主委托，常驻现场对工程实施的过程进行质量控制。

一、政府监督

1. 政府监督机构及性质

1）政府监督机构

政府监督是指政府交通主管部门和其所属的质量监督机构依法对工程建设和工程建设从业单位及从业人员进行监督管理的活动。政府监督是公路工程质量保证体系中极其重要的质量监督环节之一，是政府职能部门强化对工程质量管理的具体体现。

交通运输部主管全国公路工程的质量监督工作，按照统一规划、分级管理的原则，交通运输部设基本建设工程质量监督总站，各省、自治区、直辖市设交通（或公路）基本建设工程质量监督站（简称省质监站），地、市设立交通（或公路）基本建设工程质量监督分站（简称市质监分站）。各级质监站为独立核算的事业单位，隶属同级政府交通主管部门，业务上受上一级质监站指导。各级质监站应配备质量监督人员和必要的试验检测仪器设备和交通工具。

2）政府监督的性质

（1）强制性。政府机构实施的监督管理行为，对于被监督者来说，是强制性的、必须接受的。政府机构与工程的建设、审计、施工、监理等单位是监督与被监督的关系。政府监督的强制性体现在管辖范围内的所有建设工程，无论其投资主体如何，都必须无条件地接受政府监督机构的监督与管理。

（2）执法性。政府监督主要依据国家法律、法规、方针、政策和国家及交通运输部颁布的技术规范、标准进行监督，并严格遵照法定的监督程序行使监督、检查、许可、纠正、强制执行等权利。监督人员每一个具体的监督行为都有充分的法律依据，带有明显的执法性。

（3）全面性。政府监督是针对整个工程建设活动的，而不是对某一个工程项目，就管理空间来说，覆盖了全社会；就一个工程项目的建设过程来说，则贯穿于工程建设的全过程。

（4）宏观性。政府监督侧重于宏观的社会效益，其着眼点主要是保证工程建设行为的规范性，维护国家和社会公众的利益和工程建设各参与者的合法权益。

2. 政府监督的依据和职能

1）政府监督的依据

（1）国家有关公路工程建设的方针、政策、法律、法规和规章；

（2）政府批准的工程建设计划、规划、设计文件；

（3）国家和交通运输部等有关部委颁发的有关技术标准、规范和规程等。

2）公路工程质量政府监督的职能

（1）监督检查从业单位是否具有依法取得的相应等级的资质证书，从业人员是否按照国家规定经考试合格，取得上岗资格；

(2)监督检查建设、勘察、设计单位，施工和监理单位质量保证体系的针对性、严密性和运行的有效性，以及各单位质量保证体系之间的协调性和一致性；

(3)监督检查勘察、设计文件是否符合国家规定的技术标准和规范要求，设计文件是否达到国家规定的编制要求；

(4)监督检查施工、监理，以及设备、材料供应单位，是否严格按照有关质量标准和技术规范进行施工、监理以及供应设备、材料；

(5)监督检查监理单位的质量管理和现场质量控制情况，对公路工程关键部位和隐蔽工程的旁站情况，对各施工工序的质量检查情况；

(6)监督检查试验检测设备是否合格，试验方法是否规范，试验数据是否准确，试验检测频率是否符合有关规定；

(7)监督检查材料采购、进场和使用等环节的质量情况，并公布抽查样品的质量检测结果，检查关键设备的性能情况；

(8)对公路工程质量情况进行抽检，分析主要质量指标的变化情况、评估总体质量状况和存在的主要问题，提出加强质量管理的政策措施和指导性意见，定期发布质量动态信息；

(9)对完工项目进行质量检测和质量鉴定。

二、社会监理

1.社会监理的性质与任务

1)社会监理的性质

社会监理是具有法人资格的社会监理单位对工程实施的监理活动，全面监督、管理工程的实施，对工程质量、安全、环保、进度、费用及合同其他事项进行全面监理，是一项专业化的管理活动。社会监理具有如下性质：

(1)服务性。工程监理人员通过对工程施工进行组织、协调、监督和控制，保证施工合同的顺利实施，达到业主的建设意图。监理人员有权监督业主和承包人严格遵守国家有关建设标准和规范，维护国家利益和公众利益，为工程建设提供智力服务，其工作是服务性的。

(2)公正性。监理单位和监理工程师应当排除各种干扰，以公正态度对待委托方和被监理方。当业主与承包人发生利益冲突时，监理工程师要站在公正的立场上，以事实为依据，以有关法律法规和双方所签订的工程建设合同为准绳，公正、有效地解决和处理问题。

(3)科学性。工程监理是一项高智能的技术服务活动，监理单位必须具有能发现并解决工程施工中存在的技术与管理等方面问题的能力，能够提供高水平的专业服务，所以它必须具有科学性。

(4)委托性。在工程监理中，业主与监理单位是委托与被委托的关系，是授权与被授权的关系，是合同关系，也是委托与服务的关系。监理单位只有与业主签订委托监理合同，明确了监理的范围、内容、权利、义务与责任等，才能在规定的范围内行使监理权，合法地开展监理活动。所以工程监理是一种委托性的，而不是强制性行为，这与政府对工程建设的强制性监督管理有本质上的区别。

2)社会监理的主要任务

(1)质量监理。监理工程师应按照合同要求对影响工程质量的各个因素从原材料、施工工艺到成品进行监理。任一环节出现疏忽或放松质量检查，都会给公路工程最终质量带来严重的损害，因而监理工程师必须对工程施工实行全过程的监理。

(2)进度监理。承包人应根据合同规定的工期进行计划安排，制订出切实可行的工程总进度计划，监理工程师应按照此计划对其进行监理。当出现导致工程延误的关键因素时，监理工程师应及时要求承包人采取加强计划管理和技术管理等措施，调整计划，以保证在竣工期限内完成任务。

(3)费用监理。施工监理应在质量符合标准、工期按照合同要求的基础上，对工程费用进行监理。工程费用包括合同中工程量清单所列的，以及因承包人索赔或业主未履行义务而涉及的一切费用。监理工程师应尽可能减少工程量清单中所列费用以外的附加支出，达到控制费用的最佳效果。

(4)施工安全监理。监理工程师对施工单位编制的施工组织设计中的安全技术措施进行审查，施工中监督施工单位按安全施工方案组织施工，督促施工单位进行安全自查工作、落实安全技术措施，建立安全监理台账。

(5)施工环境保护监理。监理工程师审查施工组织设计是否按照设计文件和环境影响评价报告的有关规定制订了施工环境保护措施，施工中随时检查施工单位制订的环境保护措施的落实情况，对于违反有关环保规定的，应书面指令施工单位整改。

(6)合同管理。监理工程师应依照合同的约定，及时按工作程序处理各种合同管理问题，其主要内容包括工程分包、工程变更、工程延期、费用索赔、价格调整和计日工、工程暂停、工程复工、工程保险、违约处理、争端协调等，以确保对工程质量、安全、环境保护、进度、费用实施有效监控。

(7)信息管理。工程实施过程中会产生很多反映工程质量、进度和费用及参与者之间往来关系的信息，这些信息是监理工程师处理问题进行决策的基础。因此，必须及时、准确地掌握和收集各类信息并在此基础上抓住主要矛盾，及时采取有效的措施，处理有关问题。

(8)组织协调。监理单位是独立于业主和承包人的第三方，又处于工程建设过程中实施监督和管理的核心地位，因此，监理工程师及时、公正、合理地协调好工程建设参与各方的关系，维护各方的合法权益是项目顺利进行的重要保证。

2. 监理组织机构

监理组织机构的建立应考虑项目组成、工程规模、难易程度、合同工期、地理位置、现场条件等因素。现场监理机构一般按工程招标合同段设置基层监理机构，可视情况设置一级、二级或三级机构。

(1)一级监理机构只设置总监理办公室(简称总监办)，适用于工程较集中的特大桥、隧道等工程。

(2)二级监理机构设置总监办和高级驻地监理工程师办公室(简称驻地办)，适用于省市以内的一条公路。

(3)三级监理机构包括总监办、项目监理部(代表处)和驻地办，适用于项目为两个以上独立的项目或跨省的项目。

各级机构均应配备足够的技术人员和辅助人员，包括监理工程师和监理员，实施对项目的各种监理活动。同时应建立监理试验室，配备相应的试验设备和人员。

3. 工程质量监理的方法和程序

1)质量监理的程序

为保证监理工程师能有效地控制质量，使质量监理工作标准化、程序化，必须制定一套质量监理程序来指导工程的施工和监理,以规范承包商的施工活动和监理工程师为监督、检查和管理而确定的工作步骤,承包商和监理人员都必须严格执行,如图 6-7 所示。

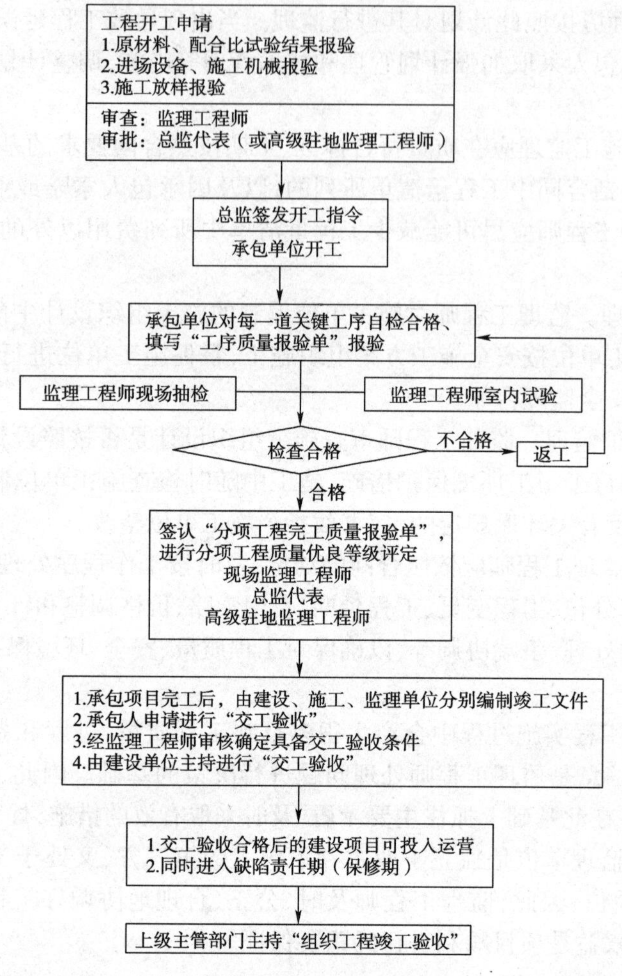

图 6-7　质量监理流程图

2)质量监理的基本方法

公路工程质量监理是对公路工程施工中各个环节、各道工序进行严格地、全面地监督和管理。为了保证达到质量监理的目标,一般可以采用以下监理手段来开展质量监理工作。

(1)检查核实

监理工程师在施工的全过程中,需要经常对承包人所报送的各类报表和质量数据进行检查核算或进行现场核实,此项工作称为检查核实。如监理工程师审批承包商提交的开工报告时,对承包人为开工准备的施工人员组织、施工机械配备、材料质量和配合比试验及施工放样等进行检查和核实。

(2)抽样试验

抽样试验包括室内试验和现场试验两类,它是监理工程师确认各种材料及施工部位质量的主要依据,是监理工程师坚持一切用数据说话的基础,是监理工程师控制工程质量的一个重要手段。抽样试验的内容以能控制各施工项目施工质量的主要技术指标为依据。

(3)测量

在整个施工监理过程中,始终离不开测量工作。测量是监理工程师在质量监理过程中对施工各部位的平面位置、高程、几何尺寸等进行检查和控制的重要手段,主要包括施工放样、现场复核、施工中的测量跟踪、工程验收测量等工作。

(4)旁站

旁站就是在工程施工过程中,对工程的重要环节或关键部位实施全过程的现场察看监理,这是驻地监理人员的一种主要的现场检查方式。实际工作中,对承包人施工的隐蔽工程、重要工程部位、重要工序及工艺应有监理工程师或助理人员实行全过程的旁站监理,及时清除影响工程质量的不利因素。如水泥混凝土路面、沥青混凝土面层施工的全过程,钻孔灌筑桩施工中的混凝土灌注工序等。

(5)工地巡视

工地巡视是监理工程师为了解施工质量的全貌,到达现场,利用相对较短的时间,对工程的整体进行巡查、检视。

(6)指令文件

指令文件一方面指施工监理过程中,监理工程师以书面文件的形式提醒承包人注意施工中存在的质量隐患或质量问题;另一方面指监理工程师为保证工程质量,向承包商发布的工程变更、补充技术标准、施工技术要求、工地会议纪要等,这些文件都直接关系到工程质量,是进行工程质量监理必不可少的手段。

(7)关键工序签认

完工后无法检验的关键工序,须经监理工程师签认,并留存相应的图像资料、未经签认不得进行下道工序的施工。

(8)中间交工验收和质量评定

监理工程师收到分项工程中间交工申请后,检查各道工序的施工自检记录、交接单及监理工程师签认的关键工序的交验单;检查分项工程的质量自检和质量等级评定资料;检查质量保证资料的完整性。驻地办应按合同规定对交工的分项工程进行质量等级评定并签发《中间交工证书》。监理工程师还要按照有关规定对已完工程进行质量评定。

复习思考题

1. 工程施工应做好哪些准备工作?
2. 施工阶段进度控制的目的是什么?其方法和措施主要有哪些?
3. 施工项目质量控制方法主要是什么?
4. 全面质量管理的任务和基本工作方法是什么?
5. 施工现场质量检查的方法和内容有哪些?
6. 什么是隐蔽工程?
7. 工程费用的组成有哪些?
8. 如何进行工程费用的计量和支付?
9. 企业计划管理的任务是什么?
10. 企业计划编制内容有哪些?
11. 施工作业计划编制的方法和步骤是什么?
12. 施工任务单一般包括哪些内容?

单元七　公路施工资料的编制

应知点

1. 施工中的技术资料和监理资料编制的意义、特点；
2. 施工资料编制的依据和报验程序；
3. 施工资料编制整理的要求和内容；
4. 竣工资料编制的要求和方法。

技能点

1. 施工资料表格的填写；
2. 竣工资料归档整理。

课题一　施工资料的编制

1. 什么是施工资料？
2. 为什么要编制施工资料？
3. 对施工资料编制有什么要求？

公路工程资料是建设项目施工管理的重要内容，是从可行性研究开始，经过勘测设计、施工、竣工验收等一系列建设过程中形成的各种信息记录，其中施工阶段的资料包括施工单位编制和监理编制的资料。

一、施工资料编制的意义

1. 施工资料不合格，工程就不能验收

原交通部颁发的“关于贯彻执行公路工程竣(交)工验收办法有关事宜的通知(交公路发[2004]446号文)”中指出，在进行工程验收时，内业资料未按要求整理或检查项目不全、频率不足或缺少必要的数据的，工程不予验收，不符合填报要求的酌情扣分。

《公路工程质量检验评定标准》(JTG F80/1—2004)指出：分项工程的施工资料和图表残缺，缺乏最基本的数据，或有伪造涂改者，不予检验和评定，资料不全者应予减分。

2. 施工资料是指导施工和控制施工质量的科学依据

试验室的标准试验，如标准击实、各种混合料的配合比等，均是进行施工前的数据采集，用以指导施工，控制施工质量。若施工资料不标准，必然使施工质量达不到要求。

3. 施工资料全面反映工程的质量状况

施工资料从工程开始到工程结束，贯穿于工程的始终，从工程各部位所用材料的技术指标的控制、各分项工程技术指标的控制，以及各分项、分部、单位工程的工程质量评定结果，都代表着工程的施工质量。

4. 施工资料是工程的使用、改建和扩建的依据

完善的工程施工资料，可以使管养单位全面了解工程项目实施的全过程、所使用材料、质

量控制数据、施工质量状况等，为日后的正常养护、可能产生的病害、缺陷处理等提供资料，还可以为今后的工程改建、扩建提供地质、环境等各方面的档案资料。

二、施工资料的特点

1. 内容繁多、涉及面广

公路工程项目多、工程量大、施工期长，从施工准备开始至竣工验收，凡是与工程有关的活动都要按照有关规范、规程、标准的规定同时记录下来，形成施工资料。其中有各种试验资料，有开工前的全部准备资料，还有路基、路面、桥梁等工程项目工序质量控制的资料和交工检查验收的资料等，内容多，涉及面广。

2. 原始性、真实性

施工资料是在施工过程中形成的，它是施工过程中的原件，应随工程进度同步进行整理，并认真地进行抄写或打印，有关人员应及时在表格上签字、盖章，使施工资料的整理过程与外业施工同步完成，并且达到原始、真实、准确、有效。绝对不可对原始资料的一些数据随意进行剔除或更改，更要严禁施工后再补(编)造的错误做法。完成的资料应规范、标准，并在工程竣(交)工验收前将施工资料按要求组卷、装订成册。

3. 技术性、专业性

施工资料的形成应符合法律、法规、规范、规程和工程合同、设计文件的规定。在进行施工资料编制时，每一张表，每一个数据，都要按相应的规范、规程、标准的具体要求进行计算和填写，具有很强的技术性和专业性。

4. 齐全性、完整性

从施工资料编制的重要意义可以看出，施工资料不齐全、不完整，就不能指导施工和不能反映所完工程的质量状况，工程也不能进行验收。所以施工资料必须齐全、完整。

5. 时限性、时效性

施工资料必须做到随工程进度同步形成。如原材料在进场前的检验、标准试验的完成、监理人员的审批都必须在规定的最短时间内完成，以免影响下道工序的施工。

三、施工资料的报验程序

1. 施工资料的报验程序

施工资料的报验程序，应根据《公路工程施工监理规范》(JTG G10—2006)中的质量控制程序进行。

1)开工报告

在各单位工程、分部工程或分项工程开工之前，高级驻地监理工程师应要求承包人提交工程开工报告并进行审批。工程开工报告应提出工程的实施计划和施工方案、质量控制指标及检验频率和方法，说明材料、设备、劳力及现场管理人员等的准备情况，提供放样测量、标准试验、施工图等必要的基础资料。

2)工序自检报告

监理工程师应要求承包人按照专业监理工程师批准的工艺流程和提出的工序检查程序，在每道工序完工后首先进行自检，自检合格后，申报专业监理工程师进行检查认可。

3)工序检查认可

专业监理工程师应紧接承包人的自检或与承包人的自检同时对每道工序完工后进行检查

验收并签认,未经检查认可的工序,其下道工序不得进行。

4)中间交工报告

当工程的单位、分部或分项工程完工后,承包人的自检人员应再进行一次系统地自检,汇总各道工序的检查记录以及测量和抽样试验的结果,提出交工报告。

5)中间交工证书

专业监理工程师应对完工的单项工程进行一次系统的检查验收,必要时应作测量或抽样试验。检查合格后,提请高级驻地监理工程师签发《中间交工证书》。

6)中间计量

对填发了《中间交工证书》的工程,可进行计量并由高级驻地监理工程师签发《中间计量表》。

2. 试验资料的报验要求

试验资料的报验程序,应按照监理规范中的验证试验、标准试验、抽检试验和验收试验所要求的程序进行。

1)验证试验

验证试验是对材料或商品构件进行预先鉴定,以决定是否可以用于工程。

在材料或商品构件订货之前,应要求承包人提供生产厂家的产品合格证书及试验报告。并由承包人提供样品进行试验,以决定是否同意采购。材料或商品构件运入现场后,应按规定的批量和频率进行抽样试验,不合格的材料或商品构件不准用于工程,由承包人运出场外。

2)标准试验

标准试验是对各项工程进行施工前的数据采集,它是控制和指导施工的依据,包括各种标准击实试验、集料的级配试验、混合料的配合比试验、结构的强度试验等。

在各项工程开工前合理的时间内,应由承包人先完成标准试验,并将试验报告及试验材料提交监理工程师实验室审查批准。监理工程师中心实验室应在承包人进行标准试验的同时或以后,进行复核(对比)试验,以肯定、否定或调整承包人标准试验的参数或指标。

3)抽样试验

抽样试验是对实施项目的内在品质进行符合性的检查,如各种材料的物理性能、土方及其他填筑的密实度、混凝土及沥青混凝土的强度等。

(1)监理工程师应随时派出试验监理人员,对承包人的各种抽样频率、取样方法及试验过程进行检查。

(2)在承包人的工地实验室进行全频率抽样试验的基础上,监理工程师中心实验室应按10% ~20%的频率独立进行抽样试验,以鉴定承包人的抽样试验结果是否真实可靠。

(3)当施工现场的旁站监理人员对施工质量或材料产生疑问并提出要求时,监理工程师中心实验室随时进行抽样试验。

4)验收试验

验收试验是对各项已完工程的实际内在品质作出评定,监理工程师应派出试验监理人员,对承包人进行的钻芯抽样试验的频率、抽样方法和试验过程进行有效地监督,对试验结果进行评定。

四、施工资料编制的依据

编写施工资料要以哪些资料为依据?

编写施工资料需要依据现行的监理规范和施工技术规范、试验规程、验收规范及合同文件、设计文件、变更文件等进行。常用的现行标准、规范有：

《公路工程技术标准》(JTG B01—2003)、《公路工程施工监理规范》(JTG G10—2006)、《公路工程质量检验评定标准》(JTG F80/1—2004)、《公路路基施工技术规范》(JTG F10—2006)、《公路路面基层施工技术规范》(JTJ 034—2000)、《公路沥青路面施工技术规范》(JTG F40—2004)、《水泥混凝土路面施工技术规范》(JTG F30—2003)、《公路桥涵施工技术规范》(JTJ 041—2000)、《公路路基路面现场测试规程》(JTG E60—2008)、《公路土工试验规程》(JTG E40—2007)、《公路工程水泥及水泥混凝土试验规程》(JTG E30—2005)、《公路工程无机结合料稳定材料试验规程》(JTG E51—2009)、《公路工程集料试验规程》(JTG E42—2005)、《公路工程岩石试验规程》(JTG E41—2005)、《公路工程沥青及沥青混合料试验规程》(JTJ 052—2000)等。

五、施工资料用表及填表方法

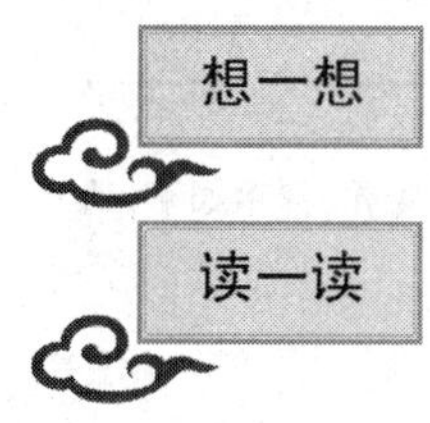

编制施工资料要填哪些表格？怎样填写？

1. 施工资料用表

施工资料用表包括 A、B、C、D、E 五类，表的编号根据实际施工需要可以任意排列。

(1) A 表。包括施工报验单或中间检验申请书。如：A-04 施工放样报检单；A-10 中间检验申请单；A-11 工程报验单。

(2) B 表。为分项工程质量检验评定表。如：B-03 中间交工证书；B-05 工程检验认可书；B-05-1 分项工程质量检验评定表(包括工程涉及的所有分项工程，一个分项工程一张表，一条公路有近百个此类表)。

(3) C 表。①各工序现场质量检验报告单。如：C-01 土方路基现场质量检验报告单；C-02 路基填前地表处理现场质量检验报告单；C-03 管节预制现场质量检验报告单；C-05 浆砌排水沟现场质量检验报告单；C-07 混凝土浇筑申请报告单；C-12 水泥混凝土路面模板安装现场质量检验报告单(小型机具)；C-13 水泥砂砾基层现场质量检验报告单等近百个；②检验记录表。如：C-50 纵断高程检验记录表；C-51 路基每层填筑纵断高程检验记录表；C-52 中线偏位检验记录表；C-53 宽度检验记录表等几十个。③检验汇总表。如：C-78 原材料试验结果汇总表；C-79高程、横坡检验汇总表；C-80 宽度、厚度、平整度、中线偏位、边坡坡度检验汇总表；C-81 压实度检验汇总表等几十种。④评定表。如：C-90 压实度检验评定表；C-91 路面结构厚度检验评定表；C-92 弯沉值检验评定表等几十种。

(4) D 表。为试验用表。如：D-06 土的击实试验、D-07 稳定土击实试验、D-08 含水量试验记录表、D-09 压实度试验记录(灌砂法)、D-10 水泥试验报告、D-13 路面基层集料组成试验、D-23 水泥剂量试验、D-25 无侧限抗压强度试验、D-26 水泥混凝土配合比试验报告等近百种。

(5) E 表。为施工原始记录表。如：E-01 路基施工原始记录、E-02 水泥砂砾基层施工原始记录、E-03 钢筋制作与焊接记录、E-04 钻孔桩钻进记录(冲击钻)、E-06 钻孔桩水下混凝土灌注记录、E-07 水泥混凝土施工记录、E-08 桥涵放样记录、E-09 水准测量记录等数十种。

2. 施工资料用表的填写方法

施工资料的填写必须做到真实、规范、标准、准确。下面仅对有代表性的表格的填写进行说明,其他表格可以参照进行。

1)A 表的填写说明

(1)施工放样报验单(A-04)

施工单位在每工序施工前应进行施工放样,并填写施工放样报验单。应详细填写桩号和位置、工程部位和放样内容。如果是路基施工,在备注栏注明距路床顶面距离。

测量监理工程师接到施工放样报验单后,对放样内容进行查验,并在查验结果栏填写查验结果。驻地监理工程师根据查验结果填写:"放样合格、同意施工",若查验结果不合格,应重新放样。如表 7-1 所示。

××公路××段建设项目 表 7-1

承包单位:________ 合同号________

监理单位:________ 编　号________

施工放样报验单 A-04

致(驻地监理工程师):×××

根据合同要求,我们已经完成K0+000~K1+000 段土方路基(起止桩号或工程部位)的施工放样工作,清单如下,请予查验。

附件:1. 中线偏位检验记录

2. 宽度检验记录

3. 纵断高程

承包人:××× ××年×月×日

桩号或位置	工程或部位名称	放样内容	备　注
K0+000~K1+000	下路床	中线偏位	距路床顶面 55cm
		宽度	
		纵断高程	

查验结果:中线偏位放样最大误差 10mm 小于允许偏差 100mm;

放样宽度均大于设计宽度 12m;

纵断高程放样偏差在允许范围内。

测量员:××× ××年×月×日

驻地监理工程师意见:

放样合格,同意进行施工。

驻地监理工程师:××× ××年×月×日

注:由承包人呈报两份,作出结论后驻地监理办留档一份,另一份退承包人。

备注:1. 土方路基填写路基部位(下路堤、上路堤、下路床、上路床、路床顶面),桥梁填写××大(中、小)桥。

2. 表头中的"编号"按如下规则填写:发件人标段-表类表号-受件人标段-受件人类型(H 为驻地监理,J 为高级驻地监理)-表序号。如"6D0906H003"表示,第六标段施工单位完成的 D-09 压实度试验记录表。其中"6"为发件人的第六标段,"D"为表类,"09"为表号,"06" 为受件人第六标段,"H"为受件人驻地监理,"003"为序号。监理单位填表:发件人类型(H 或 J)-表类表号-受件人标段-表序号。如"HD0906003"表示此表为驻地监理所完成第六标段的抽检 D-09 压实度试验记录表。其中"H"为发件人驻地监理,"D"为表类,"09"为表号,"6"为第六标段,"06"为受件人第六标段,"003"为序号。

(2)中间检验申请单(A-10)

工序完成后,施工单位应填报《中间检验申请单》,现场监理人员应根据对现场实际施工的旁站检查结果,确定是否同意施工单位报验,并签署是否同意报验。

工程项目:填写分项工程名称。

检验项目:填写工序名称,并注明第几层、桩号等。

地点及桩号:土方路基、路面等填写工序施工桩号,桥梁填写几号墩(台)、第几孔,涵洞工程填写中心桩号。

检验内容:填写该工序现场质量检验报告单中的检验内容,内容较多填不下时,可增加格数或一格多填,中间检验申请单的内容尽量填写在一张表内,如表7-2所示。

××公路××段建设项目 表7-2

承包单位:________ 合同号:________

监理单位:________ 编　号:________

中间检验申请单 A-10

致(驻地监理工程师)×××:

下列工作内容已按合同要求完成,请予检验

工程项目:土方路基

检验项目	地点及桩号	检验内容	要求到现场检验时间	备注
路基填筑(第7层)	K0+000~K1+000	压实度	××年×月×日×时	下路床(压实厚20cm)
		纵断高程		
		中线偏位		
		宽度		
		弯沉值		

承包人:××× ××年×月×日

现场监理意见: 同意报检

附件:自检资料。

现场监理:××× ××年×月×日

试验监理工程师意见:	测量监理工程师意见:
压实度均大于设计标准95% 弯沉值均小于设计值180(0.01mm) 试验监理工程师:××× ××年×月×日	纵断高程偏差均在允许范围内,中线偏差最大偏差60mm <允许偏差100mm,最小宽度(左幅)6.41>12 / 2=6.00m 测量监理工程师:××× ××年×月×日

驻地监理工程师意见:

合格,同意进行下道工序施工

驻地监理工程师:××× ××年×月×日

(3)工程报验单(A-11)

工程报验单是一个分项工程完成后,施工单位经自检验收合格后填报,是监理人员对分项工程进行质量把关的一道程序。

施工单位填报第一栏内容,并附自检资料。第二栏由监理单位填写抽检评定结果。第三栏应填写高级驻地监理工程师的意见,如表7-3所示。

××公路××段建设项目 表 7-3

承包单位:________________ 合同号:________________

监理单位:________________ 编　号:________________

工程报验单 A-11

致(驻地监理工程师)×××:

按照合同要求,已经完成了K1+000~K2+000段土方路基工程,并经自检合格,报请查验。

附件:自检资料。

承包人:××× ××年×月×日

查验情况:

检验项目	检查点数	合格点数	合格率	查验结果	备　注
压实度	27	26	96.3		经《标准》附录B评定
弯沉	82	82	100	合格	经《标准》附录I评定
纵断高程	20	19	95		
中线偏位	21	21	100		有一个HY点
宽度	20	20	100		
平整度	100	96	96		
横坡	40	36	90		
边坡	40	40	100		

附件:自检资料。

现场监理:××× ××年×月×日

高级驻地监理工程师意见:

同意评为合格工程

高级驻地监理工程师代表:××× ××年×月×日

注:合格工程由监理另发工程检验认可书。

注:《标准》为《公路工程质量检验评定标准》(JTG F80/1—2004)之简称,后同。

2)B表的填写说明

(1)中间交工证书(B-03)

分项工程完工后,施工单位经自检验收合格(并汇总各道工序的检查记录)后填报中间交工证书(及工程报验单)提出交工报告。监理单位接到交工报告后对按工程量清单完成的分项工程进行系统的检查验收。若检查验收合格,报请建设单位对监理单位的评分及评定等级进行审定。若审定评分合理,同意评为合格工程,即在监理单位的分项工程质量检验评定表(B-05-2)上签认。只有在建设单位对监理单位的评分及等级签认后,驻地监理才可以在施工单位的分项工程质量检验评定表(B-05-1)上签认,高级驻地监理工程师方可在中间交工证书上签认,并及时将交工报告返回施工单位,不影响正常的工程施工。施工单位只有接到中间交工证书的批件后,才能进行下项工程的施工。中间交工证书(B-03)的填写见表7-4。

××公路××段建设项目　　表7-4

承包单位:________ 合同号:________

监理单位:________ 编　号:________

中 间 交 工 证 书　　B-03

下列工程已完工,申请交验,以便进行下一步底基层工作。

工程内容:

按照施工规范及设计要求,已完成K1+000~K2+000段土方路基工程,并经自检验收评定合格,申请交工。

附件:分项工程自检验收资料

桩号	K1+000~K2+000	日期	××年×月×日	承包人签字	×××

监理工程师收件日期:××年×月×日　　签字:×××

结论:

K1+000~K2+000段土方路基工程,经抽检验验收评定合格。

附件:监理、承包人验收资料(承包人在前、监理在后)

高级驻地监理工程师(代表):×××　　××年×月×日

承包人收件日期:××年×月×日

签字:×××

(2)工程检验认可书(B-05)

工程检验认可书是工程监理单位在建设单位对监理单位的工程质量评定等级和评分进行审定后再填报的,是对合格工程的认可,是工程计量的依据。

表中的×××号工程报验单,应填写工程报验单(A-11)的编号。

第二行的各项均应先填写合格,后填写认可。

第三行,若高级驻地监理工程师同意以上各项的认可,可填写:同意认可,可以计量。

由于桥涵工程的分项工程的工程量比较小,也可以根据实际情况,将几个分项工程合并起来填报一个工程检验认可书,进行计量。工程检验认可书(B-05)见表7-5。

××公路××段建设项目　　表7-5

承包单位:________ 合同号:________

监理单位:________ 编　号:________

工程检验认可书　　B-05

致(承包人)×××:

你的第×××××号工程报验单所报的K1+000~K2+000段土方路基工程,经检验确定为合格。

测量放样认可	材料试验认可	施工质量认可
合格、认可 测量监理工程师:××× ××年×月×日	合格、认可 试验监理工程师:××× ××年×月×日	合格、认可 驻地监理工程师:××× ××年×月×日

高级驻地监理工程师(代表)意见:

同意认可,可以计量

高级驻地监理工程师(代表):×××

××年×月×日

(3)分项工程质量检验评定表(B-05-1 或 B-05-2)

B-05-1 是施工单位用表,B-05-2 是监理单位用表,两表的区别是施工单位的分项工程质量检验评定是驻地监理签认意见,监理单位的则是根据评定标准的要求,建设单位要在评定表上签认审定意见,见表 7-6。

××公路××段建设项目 表 7-6

分项工程质量检验评定表

分项工程名称:土方工程 所属分部工程名称:路基土石方 所属建设项目:

工程部位:K1+000~K2+000 施工单位: 监理单位:

(桩号、墩台号、孔号) 合同号: 编号: B-05-1

基本要求	经检查:对路基范围内进行了碾压,符合规范和设计要求;路基填料经驻地监理批准;分层填土、分层碾压;每层表面平整、路拱合格、排水良好;有临时排水系统,不积水									
	项次	检查项目	规定值或允许值	实测值或实测偏差值	质量评定					
					平均值	代表值	合格率(%)	权值	得分	
实测项目	1△	压实度(%)	≥95,极值 90	见附表×××	95.94	95.71	96.3	3	96.3	
	2△	弯沉(0.01mm)	不大于设计要求值(180)	见附表×××	134.0	156.5	合格	3	100	
	3	纵断高程(mm)	+10,-20	见附表×××			95	2	95	
	4	中线偏位(mm)	100	见附表×××			100	2	100	
	5	宽度(mm)	符合设计要求(12000)	见附表×××			100	2	100	
	6	平整度(mm)	20	见附表×××			96	2	96	
	7	横坡(%)	±0.5	见附表×××			90	1	90	
	8	边坡	符合设计要求(1:1.5)	见附表×××			100	1	100	
	合计							16	97.6	
外观鉴定	无外观缺陷	减分	0	监理意见	同意施工单位的评定 签字:××× ××年×月×日					
质量保证资料	资料齐全、完整、真实	减分	0							
工程质量等级评定	评分:97.6			质量等级:合格						

检验负责人:××× 检测:××× 记录:××× 复核:××× ××年×月×日

注:1. 分项工程名称应填写全称。

2. 基本要求要填写细致且不能填成外观鉴定。

3. 在项次一栏必须把"△"填上表示是分项工程中的关键实测项目。

4. 规定值或允许偏差值的填写时若填写"符合设计要求",就把设计值填写在括号内。

5. 实测值或实测偏差值填写 C 类表对应检验或检查项目的表号。

6. 平均值、代表值没有要求的项目,应空着不填。

3)C 表的填写说明

(1)现场质量检验报告单

现场质量检验报告单是工序完成后,经过自检、抽检合格后填写的表格,是工序质量控制程序中的一项重要工作。例如:土方路基现场质量报告单(C-01)(表 7-7):

桩号栏:填写起止桩号或桥涵中心桩号。

检验结果栏:是根据检验记录的计算结果填写的,当检验记录合格率 100%,或质量评定为合格，在检验结果栏一律填写“合格”二字，不再填写其他数据。

外观检查：是驻地监理工程师对工程的外表进行的检查评定。合格后，在外观检查项目栏填写检查意见。质量评定也是驻地监理工程师在自检、抽检、均合格后填写的，只填写“合格”即可。

工程部位：应填写下路堤、上路堤或下路床、上路床、路床顶面。并标注第几层（从地表处理后，第一层开始的累计层数）。

压实度：规定值或允许偏差填写实际施工部位所要求的数值，检验方法与频率按《公路路基施工技术规范》（JTG F10—2006）的要求填写。

弯沉值：规定值或允许偏差应在不大于设计要求值的后边填上设计要求值，检验方法与频率按《公路路基施工技术规范》（JTG F10—2006）办理。

宽度、边坡：规定值或允许偏差应在符合设计后边设计值。

××公路××段建设项目　　　　表 7-7

承包单位：________________ 合同号：________________

监理单位：________________ 编　号：________________

土方路基现场质量检验报告单　　　　C-01

工程部位	下路床（第 7 层）		桩　号	K1 +000 ~ K2 +000	
施工日期	××年×月×日		检验日期	××年×月×日	
填筑材料	风化砂	液限（%）	28	塑性指数	11
最大干密度（g/cm³）	2.08		最佳含水量	8.3	
检验项目	规定值或允许偏差	检验方法与频率	检验结果	检验资料编号	备注
压实度（%）	≥95	灌砂法：每 2000 m³ 测 8 点	合格		
弯沉值（0.01m）	不大于设计要求值（180）	弯沉值：每公里测 80 点			
纵断高程（mm）	+10，-20	水准仪：每 200m 测 4 个断面	合格		
中线偏位（mm）	100	经纬仪：每 200m 测 4 处	合格		弯道加 HY、YH 两点
宽度（mm）	符合设计要求（12000）	尺量：每 200m 测 4 处	合格		
平整度（mm）	20	3m 直尺：每 200m 测 2 处×10 尺			
横坡（%）	±0.5	水准仪：每 200m 测 4 个断面			
边坡	符合设计要求（1:1.5）	坡度尺：每 200m 测 4 处			
外观检查		路基表面平整、边线直顺、曲线圆滑、路基边坡不亏坡			
质量评定		合　格			

施工负责人：×××　　质量检验员：×××　　驻地监理工程师：×××

（2）检查记录

以回弹弯沉值测定记录表（C-57）为例见表 7-8 加以说明。

路面结构：填写水泥混凝土路面或其他类型的路面。

层次：填写土方路基或××基层。

初读数、末读数：填写实际测定值。

××公路××段建设项目 表7-8

承包单位:________ 合同号:________

监理单位:________ 编　号:________

回弹弯沉值测定记录表 C-57

路线名称:××公路××段				试验车型号:BZZ—100				后轴重(kN):100			
当量圆直径(cm):21.4				轮胎气压(MPa):0.72				弯沉仪型号:×××			
路面结构:水泥混凝土路面								层次:土方路基			
测定日期:××年×月×日				天气:晴				温度　28℃			

桩号	左			左中			右中			右		
	初读数	末读数	弯沉值	初读数	末读数	弯沉值	初读数	末读数	弯沉值	初读数	末读数	弯沉值
K1+000	12	53	130	10	53	126						
+020							6	54	120	4	62	132
+050	15	55	140	13	55	136						
+075							11	64	150	12	65	156
+100	8	61	138	11	56	134						
+125							15	49	128	19	46	130
+150	5	67	144	8	61	138						
+175							12	53	130	10	54	128
+200	15	69	168	21	55	152						

设计弯沉值(0.01m)	180	检测点数	18
合格点数	18	合格率(%)	100

施工负责人:×××　　质量检查员:×××　　驻地监理工程师:×××

(3)汇总表

①原材料试验结果汇总表(C-78),见表7-9。

××公路××段建设项目 表7-9

承包单位:________ 合同号:________

监理单位:________ 编　号:________

原材料试验结果汇总表 C-78

材料名称 P·O 32.5水泥　　工程项目 水泥砂砾基层

批号	检验日期	存放地点 施工桩号	代表数量	检验指标	标准范围	检测数据	结果评定	生产厂家
×××	××年×月×日	水泥库	200t	3d抗压(MPa)	11.0	14.0	合格	××厂
				28d抗压(MPa)	32.5	37.1	合格	
				3d抗折(MPa)	2.5	3.0	合格	
				28d抗折(MPa)	5.5	6.5	合格	
				安定性	合格	合格	合格	
				初凝时间(min)	>180	200	合格	

续上表

批号	检验日期	存放地点 施工桩号	代表数量	检验指标	标准范围	检测数据	结果评定	生产厂家
				终凝时间(min)	>360 <600	380	合格	
×××	××年×月×日	水泥库	200t	3d 抗压(MPa)	11.0	14.2	合格	××厂
				28d 抗压(MPa)	32.5	37.0	合格	
				3d 抗折(MPa)	2.5	2.9	合格	
				28d 抗折(MPa)	5.5	6.6	合格	
				安定性	合格	合格	合格	
				初凝时间(min)	>180	210	合格	
				终凝时间(min)	>360, <600	390	合格	

填表： 复核：

工程项目：填写××大(中、小)桥，××涵洞、水泥砂砾基层(或底基层)、水泥混凝土面层及土方路基。

材料名称：填写钢筋、水泥(包括规格)、碎石(包括规格)、中(粗)砂及土方路基填料的名称。

汇总表中的各项内容要填全，各工程项目的检验指标要汇总齐全，标准范围要填写准确，检测数据一定要汇总正确，汇总表既能反映原材料的真实情况，也能说明所用材料是否合格。

②路基用高程、横坡检验汇总表(C-79)，宽度、厚度、平整度、中线偏位、边坡坡度检验汇总表(C-80)，只汇总路床顶面的工序检查记录，路床顶面以下各层检查记录均不汇总。见表7-10 和表7-11。

××公路××段建设项目

表7-10

承包单位：________ 合同号：________

监理单位：________ 编　号：________

高程、横坡检验汇总表

C-79

<table>
<tr><td>工程名称</td><td colspan="5"></td><td colspan="2">施工日期</td><td colspan="3"></td></tr>
<tr><td>桩号</td><td colspan="5"></td><td colspan="2">检验日期</td><td colspan="3"></td></tr>
<tr><td rowspan="3">桩号</td><td colspan="6">纵断高程(m)</td><td colspan="4">横坡度(%)</td></tr>
<tr><td colspan="2">左</td><td colspan="2">中</td><td colspan="2">右</td><td colspan="2">设计</td><td colspan="2">实测</td></tr>
<tr><td>设计</td><td>实测</td><td>设计</td><td>实测</td><td>设计</td><td>实测</td><td>左</td><td>右</td><td>左</td><td>右</td></tr>
<tr><td></td><td></td><td></td><td></td><td></td><td></td><td></td><td></td><td></td><td></td><td></td></tr>
<tr><td></td><td></td><td></td><td></td><td></td><td></td><td></td><td></td><td></td><td></td><td></td></tr>
</table>

填表： 复核：

××公路××段建设项目

表 7-11

承包单位：____________ 合同号：____________

监理单位：____________ 编　号：____________

宽度、厚度、平整度、中线偏位、边坡坡度检验汇总表

C-80

工程名称					桩号					
桩号	宽度(m)		厚度(cm)		平整度(mm)		中线偏位(mm)		边坡坡度设计	
	设计	实测	设计	实测	允许偏差	实测	允许偏差	实测	实测(左)	实测(右)

填表：　　　　　　　　　　　　　　　　　　　　复核：

③压实度汇总表(C-81)，见表 7-12。

××公路××段建设项目

表 7-12

承包单位：____________ 合同号：____________

监理单位：____________ 编　号：____________

压实度检验汇总表

C-81

工程名称	土方工程		桩　号			K1+000~K2+000		
桩号	压实度(%)		桩号	压实度(%)		桩号	压实度(%)	
	左幅	右幅		左幅	右幅		左幅	右幅
K1+000					95.8	上路床	95.6	
地表处理压实	90.6	91.4	K1+050				96.0	96.2
下路堤	93.6	92.6	地表处理压实	91.5	91.8	K1+100		
上路堤	94.8	94.4	下路堤	93.1	92.8	地表处理压实	91.3	90.8
	95.0	94.0	上路堤	94.3	94.6	下路堤	93.0	92.6
	94.3			95.4		上路堤	94.0	95.1
下路床	95.4	95.8		95.5	95.0		95.0	94.7
	96.6	95.4	下路床	95.8	96.0		95.0	94.6
	95.5			95.2	96.4	下路床	95.3	
上路床	96.0	96.6			95.1		96.0	96.4
		96.0	上路床	95.4	90.0		96.3	
K1+025						上路床	95.3	96.8
地表处理压实	90.2	91.0	K1+075	90.4	90.0			96.4
下路堤	93.7	92.0	地表处理压实	92.5	93.6	K1+125		
上路堤	94.1	95.0	下路堤	94.2		地表处理压实	90.8	90.0
	94.7	94.1	上路堤	94.2	94.8	下路堤	94.0	93.8
	95.6	94.8		95.0	95.2	上路堤	94.0	94.4
下路床		96.7		96.0	95.8			94.4
	95.8	96.2	下路床	96.0	95.8		94.8	95.0
	96.0				96.0	下路床	95.2	95.4
上路床	95.4	95.3		95.5	95.0		95.8	

填表：×××　　　　　　　　　　　　　　　　　　复核：×××

压实度的汇总要求在一个桩号下，从地表处理压实开始，各填土层从下到上直至最后一层（路床顶面）全部汇总。压实度检查的位置是随机的，不一定是整桩号，应把汇总的试坑桩号填写为靠近按频率确定的整桩号。

4）D 表的填写说明

D 表是试验用表。各项试验数据直接控制工程质量、指导施工，所以试验数据的正确与否，是保证施工质量最关键的环节之一。

（1）原材料试验表

原材料试验应按照各种材料的试验规程进行，其试验报告以满足试验记录和试验结果评定为原则，格式各异，但都要求由试验人员签字。试验得出的结论，施工单位表格由施工单位的试验室主任填写，监理单位的由试验监理工程师填写。填写的内容必须能够说明该材料是否合格或符合设计及规范的要求，依据是什么，是否可以用在工程的某部位。

（2）压实度试验记录（D-09），见表 7-13。

××公路××段建设项目

表 7-13

承包单位：__________ 合同号：__________

监理单位：__________ 编　号：__________

压实度试验记录（灌砂法）

D-09

工程名称		土方路基				试验单位					
土样类别		中粒土				试验完成日期		××年×月×日			
最大干密度（g/cm^3）		2.08				试验执行标准		JTJ059—95			
最佳含水率（%）		8.3				试验人签字		×××			
压实厚度（cm）		15.0				审核人签字		×××			
桩号		K1 +035		K1 +089		K1 +149		K1 +244		K1 +262	
取样位置（m）		左 4.465		左 1.882		右 2.487		右 3.669		左 1.841	
a	灌砂前：筒 + 砂重（g）	7600		7600		7600		7600		7600	
b	灌砂后：筒 + 砂重（g）	2298		2348		2345		2328		2316	
c	锥体砂重（g）	1480		1480		1480		1480		1480	
d	试坑砂重 a - b - c（g）	3822		3772		3775		3792		3804	
e	砂密度（g/cm^3）	1.43		1.43		1.43		1.43		1.43	
f	试坑体积 $V = d/e$（cm^3）	2673		2638		2640		2652		2660	
g	试坑土重（g）	5806		5643		5544		5803		5700	
h	湿密度 = g/f（g/cm^3）	2.172		2.139		2.10		2.188		2.143	
	盒号	1	2	5	9	14	22	31	24	17	19
i	盒 + 湿土重（g）	1143	1130	1141	1154	1142	1136	1188	1140	1141	1136
j	盒 + 干土重（g）	1062.8	1051.0	1068.1	1085.7	1062.0	1052.6	1107.7	1062.4	1067.0	1065.8
k	水重（g）	80.2	79.0	72.9	68.3	80.0	83.4	80.3	77.6	74.0	70.2
l	盒质量（g）	132.4	130.5	132.6	139.3	132.4	130.5	132.6	133.1	131	131.9
m	干土重（g）	930.4	920.5	935.5	946.4	929.6	922.1	975.1	929.3	936.0	933.9
n	含水量（g）	8.6	8.6	7.8	7.2	8.6	9.0	8.2	8.4	7.9	7.5
o	平均含水量（g）	8.6		7.5		8.8		8.3		7.7	
p	干密度（g）	2.00		1.99		1.93		2.02		1.99	
压实度（%）		96.2		95.7		92.8		97.1		95.7	

续上表

工程名称	土方路基	试验单位	
路基部位(第几层)	路床顶面		
压实度标准(%)	95		
结论			

土样类别:填写细粒土、中粒土或粗粒土,以确定测定含水率试验的试样质量。

桩号:无论是工序质量检查验收还是交工质量检查验收均应填写实际桩号。

取样位置:土方路基工序检查只填写左或右。分项工程交工验收的压实度试验的试坑位置应填写随机计算出来的实际位置。

试坑体积:试坑的深度通常等于碾压层的厚度,为了保证试验的精度或合理性,标定罐的深度应该与拟挖试坑的深度一致,计算出来试坑体积要与标定罐的体积相当。

路基部位(第几层):土方路基应按实际施工工序的层次部位填写,即下路堤、上路堤、路床等,与压实度标准相对应。第几层是从第一层开始的累计数。如果此表用于基层,此项可以空着不填。

结论:工序检查验收填写合格,交工分项工程验收不填写。

(3)无侧限抗压强度试验(D-25),见表7-14。

××公路××段建设项目 表7-14

承包单位:________ 合同号:________

监理单位:________ 编　号:________

无侧限抗压强度试验 D-25

工程名称	水泥砂砾基层	试验单位	
路段范围	K1+000~K2+100	试验完成日期	××年 ×月 ×日
试件尺寸及制备方法	ϕ150mm×150mm,静力压实	试验执行标准	TTJ 057—94,JTJ 034—2000
结合料剂量(%)	6.0	试验人签字	×××
最大干容重(g/cm³)	2.27	审核人签字	×××
试件压实度(%)	97	试验室主任签字	×××

无侧限抗压强度试验记录

试样编号	1	2	3	4	5	6	7	8	9	10	11	12	13
取样桩号	K1+220	K1+240	K1+260	K1+280	K1+320	K1+360							
养生前试件质量 m_2(g)	6220	6210	6215	6215	6225	6220							
浸水前试件质量 m_3(g)	6216	6203	6210	6210	6218	6196							
浸水后试件质量 m_4(g)	6304	6285	6286	6301	6303	6277							
养生期间质量损失(g)(m_2-m_3)	4	7	5	5	7	4							
吸水量(g)(m_4-m_3)	88	82	76	91	85	81							

续上表

试样编号	1	2	3	4	5	6	7	8	9	10	11	12	13
养生前试件高度 h(cm)	15.10	15.07	15.00	14.93	15.00	14.91							
浸水后试件高度 h(cm)	15.19	15.16	15.10	15.01	15.09	15.02							
试验最大压力 P(N)	54815	54720	63880	59660	61401	65515							
无侧限抗压强度 R_i(MPa)	3.1	3.1	3.6	3.4	3.5	3.7							
设计抗压强度 R_{di}(MPa) = 3.0				平均抗压强度 $\bar{R}_i$(MPa) = 3.40					标准差 S_i(MPa) = 0.253				
偏差系数 C_v(%) = 7.4				Z_a = 1.282					$R_d/(1-C_vZ_a)$(MPa) = 3.31				
结论	C_V = 7.4% 满足6个试件偏差系数的要求;3.40 > 3.31 满足公式 $\bar{R} \geq R_d/(1-Z_aC_v)$ 的要求。质量平定为合格。 签字:××× ××年×月×日												

工程名称:填写基层名称。

路段范围:填写路段的起止桩号,用于工序(交工)检查验收试验时填写每工作班或每 2000m^2 的现场施工桩号。

试件尺寸及制备方法:按照《公路工程无机结合料稳定材料试验规程》(JTJ 057—94)的要求,填写细粒土、中粒土或粗粒土分别使用的小试件、中试件或大试件的尺寸即 50mm × 50mm、100mm × 100mm 或 150mm × 150mm。制备方法应尽可能用静力压实法。

取样桩号:填写按随机和目测所确定的实际试验取样桩号。

养生前试件质量、养生期间质量的损失、试件的高度等填写实际的试验结果。

试验结果的计算:按照《公路路面基层施工技术规范》(JTJ 034—2000)的要求进行平均抗压强度 $\bar{R}$、标准差 S,偏差系数 C_v 及公式 $R_d/(1\text{-}Z_aC_v)$ 的计算以判定试件的强度是否合格。

结论:由试验工程师填写,试验室主任进行审核后在试验室主任签字。在确定每个试件均合格后,根据试件尺寸和试件的个数,判定偏差系数数是否满足要求。再根据平均抗压强度 $\bar{R}$ 是否满足公式 $\bar{R} \geq R_d/(1\text{-}Z_aC_v)$ 的要求,判定抗压强度是否合格。

5)E 表的填写说明

E 表为施工原始记录表,是各工序施工原始数据的记录。此类表的填写应遵照原始性和真实性的要求进行。修改时要用斜线划掉,不能涂改。例如表 7-15、表 7-16、表 7-17。

××公路××段建设项目 表 7-15

承包单位:________ 合同号:________

监理单位:________ 编　号:________

路基施工原始记录 E-01

工程名称		路基部位(层数)	
施工桩号		土质类别	
施工日期		天气情况	
施工方法		碾压厚度(mm)	
最佳含水率(%)		松铺系数	
施工时含水率(%)		碾压遍数	
整平及碾压方法		压路机类型及吨位	

续上表

	项目名称	检查点数	合格点数	合格率(%)	自检情况
完成标准情况	压实度				
	弯沉				
	纵断高程				
	中线偏位				
	宽度				
	平整度				
	横坡				
	边坡				

驻地监理工程师(代表)意见:

签字:

年 月 日

施工负责人: 质量检查员: 驻地监理工程师:

××公路××段建设项目

表 7-16

承包单位:________ 合同号:________

监理单位:________ 编 号:________

水准测量原始记录

E-09

桩号	后视读数	视线高	前视读数			高程			设计高程
			左	中	右	左	中	右	

施工负责人: 质量检查员: 驻地监理工程师:

××公路××段建设项目

表 7-17

承包单位:________ 合同号:________

监理单位:________ 编 号:________

石灰稳定土基层(底基层)施工原始记录

E-10

工程名称		施工日期	
施工桩号		施工最低气温(℃)	
石灰品种及厂家		石灰等级	
设计强度(MPa)		设计厚度(cm)	

续上表

<table>
<tr><td colspan="2">设计剂量(%)</td><td colspan="2"></td><td>实际剂量(%)</td><td></td></tr>
<tr><td colspan="2">最佳含水率(%)</td><td colspan="2"></td><td>实际含水率(%)</td><td></td></tr>
<tr><td colspan="2">养生方法</td><td colspan="2"></td><td>养生天数(d)</td><td></td></tr>
<tr><td colspan="2">施工方法</td><td colspan="4"></td></tr>
<tr><td rowspan="9">完成标准情况</td><td>检验项目</td><td>检查点数</td><td>合格点数</td><td>合格率(%)</td><td>自检情况</td></tr>
<tr><td>压实度</td><td></td><td></td><td></td><td></td></tr>
<tr><td>平整度</td><td></td><td></td><td></td><td></td></tr>
<tr><td>纵断高程</td><td></td><td></td><td></td><td></td></tr>
<tr><td>宽度</td><td></td><td></td><td></td><td></td></tr>
<tr><td>厚度</td><td></td><td></td><td></td><td></td></tr>
<tr><td>横坡</td><td></td><td></td><td></td><td></td></tr>
<tr><td>强度</td><td></td><td></td><td></td><td></td></tr>
<tr><td>弯沉</td><td></td><td></td><td></td><td></td></tr>
</table>

驻地监理工程师(代表)意见：

签字：

年 月 日

施工负责人： 质量检查员： 驻地监理工程师：

课题二 竣(交)工资料整理

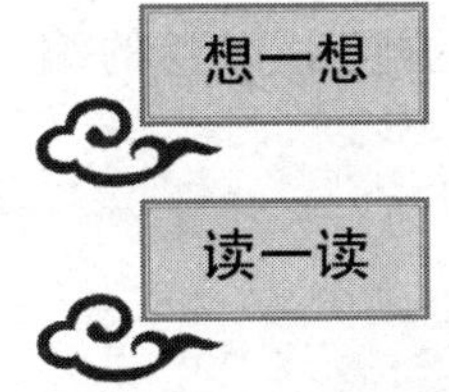

1. 什么是竣(交)工资料？为什么要整理竣(交)工资料？

2. 怎样整理归档竣(交)工资料？

一、公路工程竣(交)工验收与竣(交)工资料

1. 竣(交)工验收

公路工程合同段施工全部结束后要进行交工验收，建设项目试运营两年后要进行竣工验收。无论是合同段的交工验收还是建设项目的竣工验收都要按照《公路工程质量检验评定标准》(JTG F80/1—2004)(以下简称《评定标准》)、设计图纸、文件等相关依据，对工程质量进行综合评定，评判其是否达到要求。《评定标准》规定：

(1)施工单位应对各分项工程按本标准所列基本要求、实测项目和外观鉴定进行自检，按“分项工程质量检验评定表”及相关施工技术规范提交真实、完整的自检资料，对工程质量进行自我评定。

(2)工程监理单位应按规定要求对工程质量进行独立抽检，对施工单位检评资料进行签认，对工程质量进行评定。

(3)建设单位根据对工程质量的检查及平时掌握的情况，对工程监理单位所做的工程质量评分及等级进行审定。

(4)质量监督部门、质量检测机构可依据评定标准对公路工程质量进行检测评定。

2. 竣(交)工资料

竣工资料是工程建设期间形成的资料,反映的是项目建设的客观状况的信息,它包括文字、图表和音像资料。参与工程建设的建设单位、勘察设计单位、施工单位和监理单位都要及时进行收集、整理、归档,以便更好地为项目建设决策服务,为项目建成后的运营和养护管理服务。

交通部颁发的《关于贯彻执行公路工程竣(交)工验收办法有关事宜的通知》(公交路发[2004]446号)对竣工文件编制工作要求如下:竣工文件的编制应完整、规范、科学,竣工文件的主要内容按照“公路工程竣工档案目录”编写。

“公路工程竣工档案目录”共分为五部分,其中第一、第二部分为综合文件和决算审计文件,由建设单位负责编制;第三、第四、第五部分分别为监理资料、施工资料和科研新技术资料,由监理单位和施工单位负责编制。交工验收前,项目法人应组织有关单位完成“公路工程竣工档案目录”中第三、第四、第五部分的文件编制工作。竣工验收前,完成“公路工程竣工档案目录”要求的全部文件编制工作。实践表明,只要施工资料在施工过程中与外业同步形成,就可以做到在工程竣工验收前完成施工资料的组卷工作,并能够使施工资料达到真实、准确、齐全、规范,为外业竣工验收做好准备。

编制竣(交)工资料时,档案的具体内容参见“公路工程竣工档案目录”。

二、竣(交)工资料的编制要求

1. 按照有关文件和规范的要求进行编制

编制竣工资料时的主要依据有《公路工程竣工文件材料立卷归档管理办法》及有关通知、《建设工程文件归档整理规范》(GB 50328—2001)等。

2. 按照档案管理的规定和格式进行整理和组卷

(1)竣工档案分类编号办法。包括编号原则、档号章。

(2)竣工档案案卷构成及质量要求。包括组卷及书写要求、卷内文件的排列、案卷的编目、案卷脊背的编制、卷内备考表的编制、案卷装订的要求。

3. 竣工资料编制要及时、准确,以便工程尽快交付使用

三、竣工资料的整理内容

竣工资料的整理内容包括业主单位编制部分、设计单位编制部分、施工单位编制部分和监理单位部分。本书重点介绍施工单位和监理单位部分的资料。

1. 施工单位编制部分

1)综合文件

综合文件由竣工验收文件、工程总结、征地拆迁资料、上级批准文件及有关指示、建设项目承发包合同及协议文件、工程交接表等组成。它基本包括了项目办理、实施及工程交竣工验收各个阶段形成的工程管理文件和建设项目固定资产的资料。

(1)施工总结。通过回顾本合同段工作,总结施工期间工程、合同管理及应用“新工艺、新材料、新结构、新设备”等方面的工作成绩和经验,找出存在的问题和教训,指出今后的努力方向。内容包括工程地理位置图、工程规模、承包单位基本情况及完成的主要工作量、计划完成情况、工程管理(施工准备、施工组织、质量管理与控制、合同管理、竣工资料整理)、采用的新

技术、交工自查结果、经验总结、附件(工程交工申请书、工程交工证书、“工程缺陷责任期”终止申请、缺陷责任期终止证书)。

(2)工程交接表。工程交接表是承包人向业主进行建设项目交接的固定资产登记表,反映了建设项目固定资产的数量、质量和价值。包括综合资料,路基工程、路面工程、桥梁交叉和隧道工程,交通安全、环保及附属设施,工程质量评定成果等内容。

2)竣工决算

竣工决算是确定工程实际造价,也是投资执行期投资控制的最终程序。竣工决算分为财务竣工决算和工程竣工决算两大块。

工程竣工决算由勘测设计费、征地拆迁费、建筑科研费和建筑安装工程费等组成。建设项目工程竣工决算由业主(代表)总负责,承包单位负责编制本合同段工程竣工决算。

合同段工程竣工决算包括:

(1)编制说明、合同段工程竣工决算汇总表和工程竣工决算;

(2)“公路工程变更及增加费用一览表”和“公路工程索赔一览表”;

(3)“劳动力、主要材料实际消耗一览表”和“机械台班一览表”;

(4)计量支付文件。包括历次中间计量支付和最终计量支付文件。计量支付文件要求每期作为一件装订。

(5)有关计量支付的其他文件。

编制及归档要求:(1)、(2)、(3)项内容,由承包单位编制完成后交监理工程师审查签认后按业主要求的数量归档,并分别向业主(代表)和监理处各提供一份供其使用;(4)、(5)部分内容,承包商编制完成后按业主要求的数量归档。

3)竣工图

竣工图的编写要求是:若原设计图在施工中无变更,可在原设计图上加盖竣工图章作为竣工图;凡有一般性图纸变更及符合杠改或划改要求变更的可在原图上修改并加盖竣工图章作为竣工图;凡结构、工艺、平面布置等重大改变及图面变更面积超过10%的应重新绘制竣工图,并加盖竣工图章;竣工图、表的编号方法,参照原设计图纸,按实际竣工图纸的数量重新编图号和页码。

公路工程竣工图包括定线数据竣工图、平面总体竣工图、纵断面竣工图、路基路面竣工图、涵洞通道小桥竣工图、中(特)大桥竣工图、分离式立交竣工图、互通立交竣工图、桥涵通用图竣工图、隧道竣工图、交通安全设施竣工图、电缆管道竣工图、环境保护竣工图和其他路产分布竣工图。

竣工图的内容均包括封面、总目录——本册目录、图例、竣工说明及竣工图表。

(1)定线数据竣工图。主要包括平纵断面缩图和定线数据竣工图。

(2)平面总体竣工图。主要包括平面总体竣工图、中线坐标表、统一里程及断链桩号一览表。

(3)纵断面竣工图。其编写要求是:纵断面上桥梁、涵洞、通道均按竣工的位置、结构形式、流径表示;地面线高程应反映路表压实后的高程,以虚线表示;图表中将原“设计高程”改为“竣工高程”;图下表中的竖曲线、坡度、坡长等均按竣工后的实际数据填写;图上的超高设置形式及其分段桩号,应按竣工的实际情况标注;图表中“地质情况”一栏,按实际情况填写。

(4)路基路面竣工图。其编写要求是:原设计涉及的内容竣工图均应反映,必要时还须增加图纸;路基竣工标准横断面、匝道横断图,超高方式图及一览表;路面结构竣工图;集水井、横向排水管竣工图；横向排水管配筋竣工图；水簸箕竣工图；护坡坡工图；挡土墙竣工图；挡土墙与其他结构物相连处竣工图；挡土墙工程数量表；软基处理竣工图；路基土石方数量竣工表。参照原设计图纸格式，根据监理工程师计量支付认可工程数量编制，并注明每公里土石方数量。

(5)涵洞、通道、小桥竣工图。

涵洞：按实际施工的涵位、孔径、长度绘制竣工图；注明基底地质情况；主要工程数量表中除保留原设计数量外，另加一项竣工数量表，以利对照。

通道：按实际的孔径、长度绘制竣工图；注明基底地质情况；主要工程数量表中除保留原设计数量外，另加一项竣工数量，以利对照；竣工图中应反映竣工后通道连接线的路面结构及纵坡情况。

小桥：原设计涉及的内容，竣工图均应反映，必要时还须增加图纸；小桥各特征点的高程和全桥工程数量表要反映“设计”与“竣工”两项内容；梁(板)安装竣工表应列出梁(板)顶面纵向设计和竣工高程、支座中心偏位数据；墩(台)帽竣工表要列出每个墩(台)帽顶面(柱子中心位置)设计、竣工高程，纵、根轴线位差；伸缩缝应按实际结构绘制，并重新计算工程量。

(6)中(特)大桥竣工图。其竣工说明内容包括：工程概况；大桥施工组织设计、计划编制、调整等况；工程变更情况，原因及依据；采用新工艺、新材料的情况；执行施工规范及质量检测情况；质量事故处理情况；隐蔽工程质量检查情况。竣工图表内容包括：桥位平面竣工图；桥型布置竣工图；桩位布置竣工图；桥台构造竣工图；桥墩构造竣工图；结构挖方及锥坡竣工图；全桥工程数量表；梁(板)安装竣工表；墩(台)帽竣工图；伸缩缝。

4)设计、施工文件

(1)设计文件及变更设计资料。

(2)施工文件。施工过程中形成的各种技术资料，包括技术管理文件(交桩和复测报告、图纸会审记录、施工组织计划资料、试验段实施方案和总结报告、技术交底记录、开工报告、原材料出厂质量证明和工地试验报告)、工程质量文件(工程质量自检报告和各种试验、检测结果汇总表)、试验、检测报告(工程施工期间形成的各种试验、检测报告)、工程检查记录(工程施工期间形成的各种检测记录)和其他文件。详见本单元“课题一”的内容。

(3)施工原始记录。包括施工日志、有关原始记录、开工及完工记录、施工照片和录音录像资料。

2. 监理单位编制部分

1)监理总结

监理总结是通过回顾本合同段监理工作，总结工程质量、进度、费用控制和合同管理的经验，找出存在的问题和教训，指出今后工作的努力方向。

主要内容包括：工程地理位置图、工程概况(工程名称、起讫点桩号、途经主要控制点、设计标准、主要工程数量及造价、开竣工日期等)、工程监理机构设置、人员和设备配备、监理内部管理、工程质量监理、合同与计划管理、计量支付与造价控制、竣工资料整理、对监理工程项目的质量评价、经验总结。

2)竣工决算

竣工决算分为财务竣工决算和工程竣工决算两大块。其中工程竣工决算(监理单位编制部分)包括合同段工程竣工决算、“公路工程变更及增加费用一览表”和“公路工程索赔一览表”、计量支付文件、有关计量支付的其他文件。

3)设计、施工文件

主要包括以下内容。

(1)审批的设计图纸及有关文件。

(2)施工文件。指施工中的质量控制文件,主要包括试验、检测报告;工程检查检测记录和其他文件。

(3)监理行政性管理文件。包括:交通主管部门和业主关于质量、进度和投资控制之外的来文;监理机构内部来往函件、会议纪要、监理月报、工程检查通报。

(4)合同管理文件。包括工程变更、工程延期、费用索赔、争端与仲裁、违约、分包、保险等处理文件。

(5)进度控制文件。主要包括总体进度计划、阶段性进度计划、监理对承包人进度计划的审批。归档内容包括开(停、复)工令;对承包人的总进度计划、阶段性(年、季、月)进度计划及施工组织设计的批复文件;关于进度控制方面与总监处、承包单位的往来文函等。

(6)计量和支付文件。

(7)监理原始记录。指监理日志及照片、音像资料。

复习思考题

1. 施工资料有哪些特点?
2. 施工资料的报验应遵照什么样的程序?
3. 施工资料的表格分哪几大类?
4. 施工单位的竣工资料主要包括哪些内容?

单元八　公路养护管理

应知点

1. 公路养护管理的组织机构；
2. 道班班组管理制度；
3. 公路养护技术管理的内容。

技能点

1. 交通量调查及表格填写；
2. 公路养护质量评定；
3. 工程检查与验收。

课题一　养护班组管理

我国公路养护的组织机构是怎样的？

养护道班的任务、道班管理的内容是什么？

一、现行公路养护管理的组织机构

为加强对公路养护工作的管理，确保完成公路养护任务，我国建立了完善的公路养护管理组织机构，即省级交通部门设公路管理局、市（地区）公路管理局（总段）、县公路管理局（分段）的三级公路养护机构，负责对国家干线、省级干线和重要县级公路的养护管理。

三级公路养护管理机构的设置方式有两种：一是在省公路管理局领导下，原则上按地区（市）设立公路分局（总段），按县设立公路段，但养护里程少于500km的省辖市和少于100km的地（市）辖县应与相邻的地区或县合并设分局或段。二是对特别重要的国、省干线按专线设养路工区（大道班），并视需要设桥工班、中修工程队、苗圃班、砂石料场、机修车间以及机械队、汽车队等生产单位。公路养护管理机构和基层组织如图8-1所示。

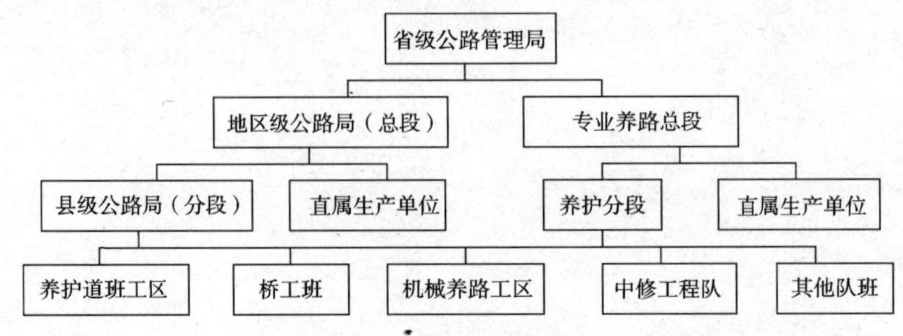

图8-1　公路养护管理组织机构

三级公路养护管理组织机构分别设总工程师、主任工程师和主管工程师，负责贯彻《公路养护技术规范》（JTG H10—2009）及其他有关标准规范的各项规定，有权决定其职责范围内的技术业务问题并负有技术责任。

二、养护道班的任务

一个道班一般担负着10km以上的公路养护生产作业，如果是机械化养路，则养路里程在20~30km以上，其具体任务是养路和护路。道班养路生产的基本原则是：全面养护，以养好路面为主，同时还要搞好绿化，管好绿化。

三、道班管理

搞好养路道班生产工作的关键在于搞好班组管理，建立健全养路责任制。道班实行养路责任制主要有以下内容：

1. 小修保养分工制

全班工人划分为小修和保养两个组。分工合作，共同负责，是道班养路责任制的中心。小修组负责全班养护路线范围内进行周期性的小修工作，其基本要求是：在巩固原有路况的前提下，按计划逐步地、有重点地进行小修，提高路况使之符合良等路或优等路标准。保养组则是把养护路线分为几个保养小段，每段安排一定的人力负责经常性的保养工作。其基本要求是：在正常情况下，负责维护路况，不允许路况下降，并负责验收责任区内砂土等材料和承担路政管理。工人的责任管区宜基本固定，以便于熟练和提高技术水平，便于施工管理、稳定质量和体现效果。

2. 雨雪天巡养制

在雨雪天，保养岗位工人应按责任区进行全面巡查，着重疏通排水，看守危桥，除雪破冰，坚守防洪、防滑重点路段，如遇可能发生严重险情的，应由班长统一指挥，洽请当地乡村支援，组织抢修，并及时上报。小修组应抓住全班的防洪防滑重点，协同保养组进行工作，力争全班所养路线不被毁、不滑车、不阻车，安全畅通。

3. 安全、质量检查制

坚持操作规程，安全生产，并设安全质量检验员。检查的主要内容有：操作方法、施工质量、路面材料规格质量、安全措施、安全事故发生的原因、处理事故的办法和路政管理。检查办法是：以岗位工人经常自检为主，全班工人利用多种方便机会进行现场互检，班组长、检验员采取随时抽查与定期(至少每旬一次)全面检查相结合。

4. 材料、机具保管制

道班要设置机具保管员，具体掌握材料入库数量、规格，以便安排备料计划。掌握现有工具、机械设备的名称、数量、技术状况及盈缺情况，以便安排添置计划，并建立采购、验收、保管、领用、回收、修理、报废、换新等制度，做到有物有账、账物相符。碎石、油料等材料消耗量要随时记录，定期盘存核对，积累资料，统计实际消耗定额。

5. 班组经济核算制

班组经济核算是县公路段经济核算的组成部分，要求道班和县公路段共同配合进行，每个人干什么，管什么，便核算什么。核算时除了从养路技术经济指标核算外，还要考核使用效果，即汽车运输技术经济指标，通过前后对比，反映各个时期养路效果对运输的影响。

班组经济核算应以路况上升和年公里成本考核为主要指标。其主要内容包括：质量核算、劳动核算、材料消耗的核算及成本的核算。

1)质量核算

质量核算主要是对路况进行核算，因为它反映了道班的生产成果。公路养护质量按部颁标准分为优、良、次、差四等。

2)劳动核算

劳动核算就是核算取得质量核算成果所消耗的劳动时间。只有对质量和劳动这两方面都加以核算,才能正确考核生产过程中劳动效率的高低。对于一个班组,在定员数量确定之后主要核算的内容包括:(1)出勤率核算;(2)出工率核算;(3)工时利用率核算;(4)劳动效率核算;(5)全班当月平均劳动效率和劳动计分核算。

3)材料消耗核算

材料消耗核算是对劳动对象的核算。道班的主要材料是砂石和油料,需通过定额控制。由于公路养护单位的年公里材料消耗定额反映的是要达到计划质量指标必需的生产消耗,因此,材料消耗的核算不是主要核算节约数量和比率,而是要保证这些具有一定质量的材料的合理使用,使有限的材料消耗在养护生产过程中充分发挥作用,达到提高好路率的目的。耗用量的降低只有在保证路况质量的前提下才有意义。

4)成本核算

包括年公里班组养护成本、人工成本、材料成本和机械成本的核算。

6.轮流值日制

为了使道班生产、生活、学习等有秩序地进行,全班人员轮流值日,协助班长领导指挥全日活动,值日员不脱产。其主要职责是:(1)负责执行前一天晚上的班日生产会议决定,组织生产活动,掌握生产动态;(2)组织召开当晚的班日生产会议或其他会议;(3)掌握全日作息时间;(4)填写道班大事记和晴、雨气温登记表;(5)处理日常事务,如整理内务、收拾文件报等;(6)收工后检查工具、机械保养,牲畜饲养及道班房安全保卫工作;(7)办好值日员上下交班手续,并提出注意事项。

搞好班组管理,除了上述六项内容之外还必须辅以其他一些必要的管理制度,以促进养路责任制的实现。

课题二　公路养护技术管理

想一想

养护部门的技术管理工作有哪些内容?

公路路政管理有哪些工作内容?

如何进行公路养护质量的检查与评定?

读一读

公路养护技术管理是公路养护管理的组成部分,它是公路管理部门合理组织设计、施工、养护的重要方法。

公路养护技术管理的基本任务是严格贯彻国家有关公路建设的技术政策、标准、规范、办法和相应的安全规章、操作规程、管理条例,以提高养护质量和做到安全生产。

一、交通量调查

1.调查的目的

交通量调查的目的主要是为公路建设规划、旧路技术改造、可行性研究、制订养护计划、交通管理措施等提供重要的基础数据,同时为交通工程基础理论研究和其他公路科学研究提供基础资料。在《公路养护技术规范》(JTJ 073—96)中把交通情况调查作为技术管理内容和任务的重要组成部分，并对有关调查方法、要求、主要项目均提出了明确的规定，并且统一规定了公路交通量观测记录与计算整理资料的有关图式和表格。

2. 调查的主要内容与基本要求

交通情况调查主要是对交通量及其组成和行车速度两项基础资料的调查或观测，以及对原始数据的计算、整理和分析。公路交通情况调查，必须保证调查数据的准确性。为积累公路交通情况的历史资料，应长期进行交通量调查工作，并按时逐级上报。交通调查资料应归入公路技术档案，长期保存。

3. 交通量观测

(1)公路交通量的定义。指单位时间内通过公路某一断面的所有运输工具的数量。

(2)观测的方法。用人工或仪器将通过规定观测断面的各种类型车辆分车型记录在表格或计数器具上，每小时终了，将记录结果进行整理并登记于规定的表格上。观测形式有间隙式观测和连续式观测两种。

①间隙式观测。按预先确定的观测日期，对交通量进行定期统计观测。一般每月观测2~3次，每个观测日连续观测24小时，观测时间一般为观测日6时起至次日6时止。

②连续式观测。从观测站建站开始，全年分小时连续不断地对交通量进行统计观测。

(3)路线(全线、全段)平均日交通量的计算公式。

$$N_{\text{平均}}=\frac{N_1L_1+N_2L_2\cdots+N_iL_i}{L_1+L_2+\cdots L_i}=\frac{\sum_{i=1}^{n}N_iL_i}{\sum_{i=1}^{n}L_i}\text{(辆/d)}$$

式中：$N_{1、2\cdots i}$——各观测站的交通量(辆/d)；

$L_{1、2\cdots i}$——各观测站所对应的调查区间(代表路段)长度(km)；

n——观测站的个数。

交通量调查的内容、记录方法、计算要求等均按《公路养护技术规范》(JTJ 073—96)办理。交通量观测站原始记录整理表见表8-1。

交通量观测站原始记录日整理　　表8-1

路线编号：　观测站编号：　名称　桩号：　观测日期：　年　月　日　天气情况：

交通量＼车种 时序	小型载货汽车	中型载货汽车	大型载货汽车	小型客车	大型客车	客货拖挂车		汽车		小型拖拉机	大中型拖拉机	畜力车	自行车	备注
						拖挂车	集装箱车	重型车	合计					
6~7														
6~8														
8~9														
…														
21~22														
6~22小计														
22~23														
23~24														

续上表

交通量 \ 车种 时序		小型载货汽车	中型载货汽车	大型载货汽车	小型客车	大型客车	客货拖挂车		汽车		小型拖拉机	大中型拖拉机	畜力车	自行车	备注
							拖挂车	集装箱车	重型车	合计					
0~1															
…															
5~6															
全天合计	绝对														
	折算														

填表人：__________

注：重型车系指后轴轴载大于100kN的车辆，此栏供抽样或典型调查时记录统计。

二、公路路况登记

公路路况登记是公路养护的重要基础工作，其资料是公路技术档案的主要部分。它反映各条公路及沿线构造物的全面技术状况，是制定公路规划、安排改建项目、编制养路年度计划的重要基础资料，也是路产管理、资产评估的重要凭据。对实现公路科学化管理、提高养护质量具有重要作用。

路况登记的内容包括：(1)路况平面略图；(2)公路基本资料；(3)路况示意图；(4)构造物卡片：桥梁、隧道、渡口、过水路面、房屋等；(5)登记表：涵洞、挡土墙、绿化等。

以上各项登记的表式及图例详见《公路养护技术规范》(JTJ 073—96)。

进行路况登记时，应以公路现况调查资料、设计文件、施工记录、竣工文件、技术总结等为依据，资料不全的应补充进行调查和测绘工作。

新建公路的路况登记，按公路分级管理规定，应在竣工验收接养后三个月，由接养单位完成。

三、路政管理

公路路政管理，是指公路主管部门及其授权的公路管理机构，根据《中华人民共和国公路法》(以下简称《公路法》)等有关法规，为保护公路、公路用地和公路附属设施，维护公路合法权益所进行的行政管理。《公路法》规定："公路受国家保护，任何单位和个人不得破坏、损坏或者非法占用公路、公路用地及公路附属设施"，同时《公路法》还指出："各级地方人民政府应当采取措施，加强对公路的保护"，并规定，"任何单位和个人不得擅自占用、挖掘公路。"路产保护主要有如下内容：

1. 路产保护

公路路产包括公路、公路用地和公路附属设施。保护路产的完好，保障公路畅通是路政管理的中心任务。主要表现在制止和查处如超限运输、在公路上试刹车、挖掘公路、以及毁坏公路的路基、路面、桥梁、隧道、涵洞、排水设施、防护构造物、花草林木、苗圃等违法行为。

2. 维护路权

维护路权不受侵犯，是路政管理的重要任务。主要表现在控制公路两侧建筑红线、审理跨越公路的各种管线和渠道，审理各种道路与公路交叉、废弃公路的产权归属等。

3. 维持秩序

维持公路工作的正常秩序是路政管理的任务之一，主要表现在维持公路渡口、公路养护施工作业的正常秩序、公路外部行政管理的正常秩序。

4. 保护权益

主要是保护公路管理机构、路政管理机构的合法权益,以公路养护施工作业人员、公路管理人员从事生产、执行公务时的合法权益。

四、公路养护质量的检查与评定

1. 基本要求

公路养护质量检查与评定,是养护技术管理中的重要内容,是保证公路养护质量的有力措施。为了统一质量的检查评定标准,原交通部颁发了《公路技术状况评定标准》(JTG H20—2007)。对公路养护质量的基本要求是:保持路面整洁、横坡适度、行车舒适;路肩整洁、边坡稳定、排水畅通;构造物、桥涵及隧道完好;沿线设施完善,绿化协调美观;逐步实施 GBM 工程(公路标准化、美化建设工程),力争构成畅、洁、绿、美的公路交通环境。

根据上述要求,将公路养护质量分为优、良、次、差四个等级。以优、良等路里程占实际评定的养护里程的百分率,即"好路率"作为评定养护质量的主要指标。规定一律以公里为单位,以里程碑为界,分为路面、路基构造物、桥涵隧道、沿线设施、绿化五个项目进行评定。其总分为 100 分,其中路面占 50 分;路基构造物 20 分;其他三项均为 10 分。其具体标准是:1km 路总分在 90 分以上且其中路面在 45 分以上,路基 15 分以上,其他三项均不低于 6 分的定为优等路;总分在 75 分以上,且其中路面在 38 分以上的定为良等路;总分在 60 分以上的定为次等路;总分不足 60 分的定为差等路。

上述优等路的四个条件中,如有一条达不到要求,即定为良等路;良等路的两个条件中,如有一条达不到要求即为次等路。

好路率的计算公式见式(8-1)。

$$Q = \frac{A + B}{M_y} \tag{8-1}$$

式中:Q——好路率(%);

A、B——分别为优、良等路里程(km);

M_y——实际评定的养护里程(km)。

2. 分项计分标准[按《公路技术状况评定标准》(JTG H20—2007)执行]

1)路面

满分 50 分。为客观反映路面病害程度,并具有可比性,将路面病害归纳为按面积计算和按长度计算两类。

(1)以面积计算的病害,其每一处的数量,应沿病害待修补边缘丈量。以长乘宽求出面积,并按实际量测的各类病害面积分别乘以其相应的换算系数,换算为折算面积,然后按折算面积之和占该公里公路理论面积的百分比即病害含量 Y_1 扣分。

$$Y_1 = \left(\frac{\sum F_i K_i}{F_n}\right) \times 100\% \tag{8-2}$$

式中:F_i——实际量测的各类病害面积(m^2);

F_n——该公里公路理论面积,即路面设计宽度乘以长度(m^2);

K_i——路面病害换算系数,参照《公路技术状况评定标准》(JTG H20—2007)中的规定。

（2）以长度计算的病害，沿病害实际长度丈量，沥青路面、砂石路面按其实有病害数量之和扣分；水泥混凝土路面按实际量测的各类病害长度分别乘以其相应的换算系数 K_i，换算为折算长度，然后按折算长度之和占该公里公路理论面积的百分比即病害含量 Y_2 扣分。

$$Y_2 = (\frac{\sum L_i K_i}{F_n}) \times 100\% \tag{8-3}$$

式中：L_i——水泥混凝土路面实际量测的各类病害长度（m）；

K_i——同式（8-2）；

F_n——同式（8-2）。

以上扣分标准参照《公路技术状况评定标准》（JTG H20—2007）。

2）路基构造物

路基构造物满分 20 分。如存在病害，根据分项病害数量按有关规定扣分。路基构造物病害分为按长度和处数两类计算。同一路段路基两侧同时存在病害时，应分别记录并按两侧病害数量累计扣分。

3）桥涵隧道

满分 10 分。如存在病害，根据分项病害数量按有关规定扣分。桥涵隧道病害以处数计。

4）沿线设施

满分 10 分。如存在病害或缺陷，根据分项病害或缺陷数量按有关规定扣分。沿线设施系指除道班房、交调站、通信设施以外的标志标线等附属设施，病害以块（根）、处数及长度计。

5）绿化

满分 10 分。如存在病害或缺陷，根据分项病害或缺陷数量按有关规定扣分。公路用地范围以内按现行公路养护技术规范要求已种的整齐乔木（胸径 3cm 以上，高度 2m 以上）、灌木、花卉或有整齐草皮覆盖者，均视作已绿化；否则视为未绿化，绿化病害以长度计。

注意：养护质量检查评定中，在同一检查部分（路面、路基等五部分）的同一处有两种以上病害时，以最严重的一种病害数量扣分。

3. 公路常见的病害和缺陷

（1）沥青路面病害和缺陷主要有：坑槽、松散、拥包、翻浆、沉陷、脱皮、啃边、泛油、车辙、龟裂、网裂、波浪与搓板、横坡不适、平整度差。

（2）水泥混凝土路面病害和缺陷主要有：沉陷、严重破碎板、坑洞、板角断裂、露骨、拱起、平整度差、错台、唧泥、裂缝、接缝养护差。

（3）砂石路面病害和缺陷主要有：松散、坑槽、车辙、翻浆、沉陷、露骨、波浪与搓板、横坡不适、平整度差。

（4）路基构造物病害和缺陷主要有：路肩不清洁、路肩不整齐、水沟淤塞、边坡坍塌、构造物损坏。

（5）桥涵、隧道病害和缺陷主要有：桥头（涵顶）跳车、桥涵排水不良、构部件破损、隧道损坏。

（6）沿线设施病害和缺陷主要有：标志缺损、安全设施损坏、标线不完整。

（7）绿化病害和缺陷主要有：空白路段、护管不善。

4. 养护质量综合值的计算

为了综合平衡各单位的公路养护质量包括优等路与差等路的增减，便于各单位之间的评比和有关的统计分析工作，除了统计好路率指标外，可采用“加权平均”方法求得“养护质量综合值”。其计算公式见式(8-4)。

$$G=\frac{A\times100+B\times80+C\times50+D\times20}{M_y} \tag{8-4}$$

式中：A、B、C、D——优、良、次、差等级里程；

M_y——实际评定的养护里程；

G——养护质量综合值。

实际评定的养护里程：指设有道班养护的县级以上公路总里程减去因路面施工等原因不能进行养护质量检查评定的里程。

五、工程检查与验收

为了确保大、中修、改建工程质量，应加强工程检查验收。通过检查验收，及时发现问题(特别是隐蔽工程)，采取相应措施。工程检查分为以下几种情况：

1. 作业检查

在整修施工过程中，应经常进行作业检查，施工单位的现场技术负责人对作业班组的每个施工环节、每道工序，工程位置及各部尺寸，所用材料以及操作程序都应在班组自检后进行检查，填写原始记录，并经工地监理工程师查验、核实、签证。其原始记录有：

(1)路基施工原始记录；

(2)翻浆处理施工原始记录；

(3)黑色路面施工原始记录；

(4)中级路面施工原始记录；

(5)挖基施工原始记录；

(6)灌注桩成孔检查原始记录；

(7)混凝土施工原始记录；

(8)砌石施工原始记录。

上述所有记录表中，均应填写工序交接签字，签字人员为交接检查负责人、质量检查员、交工工长、接工工长、交工作业队长、接工作业队长，并填写交接时交换意见。

2. 定期检查

定期检查是综合性的全面检查和重点检查。省公路管理局每年由总工程师负责组织全省重点改善工程检查；地(市)级公路管理机构每半年由主任工程师负责组织本地区工程检查；担负有工程任务的县级公路管理机构每月由主管工程师负责段辖工程检查。工程检查的内容包括：施工组织及设备的适应程度和合理与否；工程进度和质量情况；材料计量和规格质量是否符合要求；技术安全措施是否得当；技术操作是否符合规程；各项原始记录中完成的指标与实际是否符合，与设计要求相符程度等，以及岗位责任及存在问题。

3. 中间检查

主要包括隐蔽工程和已完局部工程及暂停未完工程检查。

(1)隐蔽工程检查的主要内容。路基填土前的原地面处理；路面铺筑前的基层、垫层和路槽；基础施工前的基底土质、高程和各部尺寸；浇筑混凝土前的埋设钢筋规格、数量、位置；隧道衬砌前的围岩开挖质量以及其他隐蔽部分的检查。

(2)局部工程检查的内容。路基、路面、桥梁、涵洞、构造物等部分工程或分部、分项工程已完工的检查。

中间检查后应做好检查记录，必要时还应对隐蔽工程拍照留存。中间检查应经驻地或上级监理工程师检查签证。

4. 竣工验收检查

当工程已按施工合同及设计文件的要求建成，并已按规定编制完成工程竣工文件，由施工单位提出验收申请，经建设单位核实确已具备验收条件时，可报请主管部门或投资建设单位组织验收。工程竣工验收前，由竣工验收领导小组组织几个检查组，对全部施工资料、竣工图表、工程决算、财务决算、上级批准有关文件、工程总结等进行审查并检验评定工程各部的质量；对比各项技术经济指标和使用指标；提出存在的有关问题。

(1)竣工验收参照《公路工程竣工验收办法》(2004)执行，检验评定标准按现行《公路工程质量检验评定标准》(JTG F80/1—2004)执行。

(2)工程竣工验收应根据工程规模大小，由上级主管部门或设计文件批准单位，负责组织设计单位、施工单位、养护单位代表和监理工程师等组成验收委员会或领导小组对工程进行竣工验收。

(3)验收委员会或领导小组应听取设计、施工单位有关设计、施工情况的汇报以及监理工程师的监理报告；检查组对工程竣工文件审查和工程质量检验报告，全面掌握施工及质量情况。

(4)验收委员会或领导小组应对整个工程质量作出恰当的评价，按合格、不合格评定工程质量等级。

(5)对验收合格的工程，验收委员会或领导小组应提出竣工验收鉴定书，并提出对工程使用和今后管养的意见。竣工验收鉴定书由主持单位起草并报上级主管部门批准。

六、公路养护安全管理

为保证公路养护维修作业人员和设备的安全及车辆的安全运行，规范养护维修工程的安全管理和作业行为，公路养护作业必须遵守《公路养护安全作业规程》(JTG H30—2004)的有关规定。教育全体职工树立“安全第一”的思想，遵守安全生产规章制度，切实做到“生产必须安全，安全促进生产”。

1. 养护作业安全管理规定

(1)在进行养护作业前，应结合施工组织设计，制定安全保障方案，并报有关部门批准。

(2)养护维修作业单位均应按国家规定建立安全管理部门，配备专职或兼职安全管理人员，建立健全工地安全组织保障体系，制定和完善安全管理制度，实施对养护维修作业人员的安全培训和教育。

(3)养护维修作业人员必须接受安全技术教育，每个职工都要有安全生产手册或须知，从事施工活动的每个职工都要具备本工种的安全常识，增强防范意识，遵守各项安全技术操作规程。

(4)公路管理单位或经营单位应加强养护维修安全作业的管理，公路管理机构应对养护安全作业进行监督和检查。

(5)施工现场应设置必要的提示、警示、警告等各种安全防范标志，避免施工现场的人员发生意外伤害。养护作业的安全设施应处于良好的工作状态。在未完成养护作业之前，任何人不得随意撤除或改变安全设施的位置、扩大或缩小控制区范围，以保证养护维修作业控制区安全控制的有效性。

(6)进入施工现场的所有人员，应穿戴、使用有关防护用品、用具。施工现场必须杜绝违章指挥、违章作业、违反劳动纪律的“三违”行为。

2.养护维修安全作业规程

1)公路养护维修安全作业

(1)凡在公路上进行养护维修作业的人员必须穿着带有反光标志的红色工作装(套装)，管理人员必须穿着带有反光标志的橘红色背心。

(2)公路路面养护维修作业必须按作业控制区交通控制标准设置相关的渠化装置和标志，并指派专人负责维持交通。

(3)在高速公路和一级公路上养护维修作业时，应用车辆接送养护维修作业人员。养路维修作业人员不得在控制区外活动或将任何物体置于控制区以外。

(4)在山体滑坡、塌方、泥石流等路段养护维修作业时，应设专人观察险情。

(5)在高路堤路肩、陡边坡等路段养护维修作业时，应采取防滑坠落措施，并注意防备危岩、浮石滚落。

(6)坑槽修补应当天完成，若不能完成须按规定布置养护维修作业控制区。

2)桥梁、隧道养护维修安全作业

(1)公路桥梁、涵洞、隧道养护现场要专门设置养护维修作业时的交通标志。桥面养护应按作业控制区布置要求设置相关的渠化装置和标志，并设专人负责维持交通。

(2)桥梁养护维修作业时，应首先要了解架设在桥面上下各种管线，并应注意保持公用设施(煤气、水管、电缆、架空线等)，必要时应与有关单位联系，取得配合。

(3)在桥梁栏杆外进行作业须设置悬挂式吊篮等防护设施，作业人员须系安全带。

(4)桥墩、桥台维修时，应在上、下游航道两端设置安全设施，夜间须设置警告信号。

(5)在养护维修明洞和半山洞前，应及时清除山体边坡和洞顶危石。

(6)在隧道内进行登高堵漏作业或维修照明设施时，登高设施的周围应设醒目的安全设施。

(7)对隧道衬砌局部坍塌进行养护维修作业时，应采取措施保证养护人员安全。

(8)当实测的隧道内一氧化碳浓度或烟尘浓度高于规定的允许浓度时，作业人员应及时撤离，并开启通风设备进行通风。

(9)隧道内不准存放易燃易爆物品，严禁明火作业或取暖。

(10)隧道洞口周围100m范围内，未经隧道养护机构许可，不得挖砂、采石、取土、倾倒废弃物，不得进行爆破作业及其他危及公路隧道安全的活动。

(11)养护作业宜选择在交通量较小时段进行。在进行养护作业前，应做好以下工作：

①检测隧道内CO、烟雾等有害气体的浓度及能见度是否会影响施工安全；

②检测隧道结构状况是否会影响作业安全，如有危险，应先处理后作业；

③检查施工信号灯是否准确、明显，施工标志设施是否规范；

④对养护机械、台架应进行全面地安全检查，并应在机械上设置明显的反光标志，在台架周围设置防眩灯，以反映作业现场的轮廓。

(12)在隧道内进行养护作业时，应遵守以下规定：

①养护维修作业控制区经划定后不得随意变更；

②作业人员不得在工作区外活动或将任何施工机具、材料置于工作区以外；

③养护施工路段内的照明应满足要求。

(13)电力设施等有特别要求维护的，应按有关部门的安全操作规程执行。

(14)隧道内发生交通事故时，应通知并配合交通安全管理部门到现场处理交通事故。

(15)事故发生后，应尽快清理现场，排除路障，恢复隧道正常行车，并登记相关损失，应认真分析事故原因，恢复或改善隧道的防灾能力。

3)养护维修机具安全操作

(1)养护机械应按其技术性能要求正确使用，不得使用缺少安全装置或安全装置已失效的机械作业，不得操作带故障的机械作业。

(2)操作人员必须执行有关工作前的检查制度、工作中的观察制度和工作后的检查保养制度。

(3)养护机械进入施工现场前，应查明行驶路线上的隧道、跨线桥的通行净空，必须时应验算桥梁的承载力，确保机械设备安全通行。

(4)养护机械在作业时，操作人员应熟悉作业环境与施工条件。

(5)养护机械在靠近架空输电线路作业时，必须采取安全保护措施，养护机械工作装置运动轨迹范围与架空导线的安全距离必须符合相关规定。

(6)养护机械应按时进行保养，严禁养护机械带故障运转或超负荷运转。

(7)禁止在养护机械运转中进行保养、维修作业。各种电气设备的检查维修，应停电作业。

复习思考题

1. 简述现行公路养护管理组织机构。

2. 沥青路面常见有哪些病害和缺陷？

3. 养护道班主要任务是什么？其生产的基本原则有哪些？

4. 何谓公路交通量？其观测形式有哪两种？

5. 公路路况登记包括哪些内容？

6. 何谓好路率？何谓养护质量综合值？

参 考 文 献

[1] 中华人民共和国交通行业标准 JTG/T B06-01—2007 公路工程概算定额. 北京:人民交通出版社,2007.

[2] 中华人民共和国交通行业标准 JTG/T B06-02—2007 公路工程预算定额. 北京:人民交通出版社,2007.

[3] 中华人民共和国交通行业标准 JTG/T B06-03—2007 公路工程机械台班费用定额. 北京:人民交通出版社,2007.

[4] 中华人民共和国交通行业标准 JTG/T B06—2007 公路工程基建设项目概算预算编制办法. 北京:人民交通出版社,2006.

[5] 中华人民共和国交通行业标准 JTG F80—2004 公路工程质量检验评定标准. 北京:人民交通出版社,2006.

[6] 中华人民共和国交通部. 关于印发《公路工程竣工文件材料立卷归档管理办法》的通知. 交公路发[2001]390 号文.

[7] 中华人民共和国建设行业标准 GB/T50328—2001 建设工程文件归档整理规范. 北京:中国建筑工业出版社,2001.

[8] 中华人民共和国交通部. 公路工程国内招标文件范本. 北京:人民交通出版社,2003.

[9] 中华人民共和国交通部. 公路工程竣工验收办法. 北京:人民交通出版社,2004.

[10] 中华人民共和国交通部.《公路工程施工招标投标管理办法》,2006.

[11] 赵晞伟. 公路工程定额应用释义[M]. 北京:人民交通出版社,2007.

[12] 李美民,李远志. 公路工程施工资料编制实用指南[M]. 北京:人民交通出版社,2006.

[13] 李宗佳. 公路工程管理[M]. 北京:人民交通出版社,2005.

[14] 施工企业项目经理培训教材:施工项目质量与安全管理[M]. 北京:中国建筑工业出版社,1995.

[15] 全国一级建造师执业资格考试用书编写委员会. 公路工程管理与实务[M]. 北京:中国建筑工业出版社,2004.

[16] 周直,崔新媛. 公路工程造价原理与编制[M]. 北京:人民交通出版社,2002.

[17] 陆春阳. 公路工程造价[M]. 北京:人民交通出版社,2002.

[18] 王首绪,杨玉胜. 公路施工组织及概预算[M]. 北京:人民交通出版社,2007.

[19] 王洪江,符长春. 公路工程施工组织设计编制手册[M]. 北京:人民交通出版社,2005.

[20] 梁金江. 公路工程管理[M]. 北京:人民交通出版社,1995.

[21] 李宗江. 公路工程管理[M]. 北京:人民交通出版社,2000.

[22] 崔新媛,周直.《工程项目招标与投标》[M]. 北京:人民交通出版社,2001.